3 白髭淵 ▶50ページ

1 三の滝 ▶42ページ

2 ワサビ大滝（下の滝） ▶48ページ

2 ワサビ大滝（上の滝） ▶48ページ

4 葛川・夫婦の滝 ▶53ページ

5 楊梅の滝（雌滝） ▶56ページ

5 楊梅の滝（雄滝） ▶56ページ

6　神爾の滝（雌滝）▶63ページ

6　神爾の滝（雄滝）▶63ページ

6　神爾の滝（三の滝）▶63ページ

6　神爾の滝（二の滝）▶63ページ

8 蟻が滝 ▸72ページ

7 薬師の滝 ▸67ページ

9 大石の大滝 ▸75ページ

10 大戸の滝 ▸79ページ

12 九品の滝 ▸88ページ

11 落が滝 ▸82ページ

14 三雲・不動の滝 ▸97ページ

13 紫雲の滝 ▸93ページ

15 田代・三筋の滝 ▸100ページ

17 黒部の滝 ▶105ページ

16 鶏鳴の滝 ▶102ページ

19 稲ヶ谷の大滝 ▶112ページ

18 元越大滝 ▶108ページ

21 渋川七滝（堀越ノ滝）▸121ページ

20 熊野の滝 ▸116ページ

21 渋川七滝（二の滝）▸121ページ

24 姫が滝 ▶132ページ

23 永禅の滝 ▶130ページ

22 識蘆の滝 ▶127ページ

25　萱尾・不動の滝　▸137ページ

27　天狗の滝　▸146ページ

26　風越谷・不動の滝　▸143ページ

28 古語録滝 ▸149ページ

29 茨川・三筋の滝 ▸152ページ

30 観世音菩薩の滝
▸158ページ

31 大蛇が淵 ▸162ページ

32 青龍の滝 ▶168ページ

34 五色の滝 ▶179ページ

33 漆が滝 ▶172ページ

35 釈神の滝 ▸183ページ

36 高山・夫婦の滝(雌滝) ▸186ページ

36 高山・夫婦の滝(雄滝) ▸186ページ

37 経の滝 ▸188ページ

39 調子が滝 ▸194ページ

38 五銚子の滝 ▸191ページ

40　マキノ・不動の滝　▶197ページ

41　カツラ滝
▶199ページ

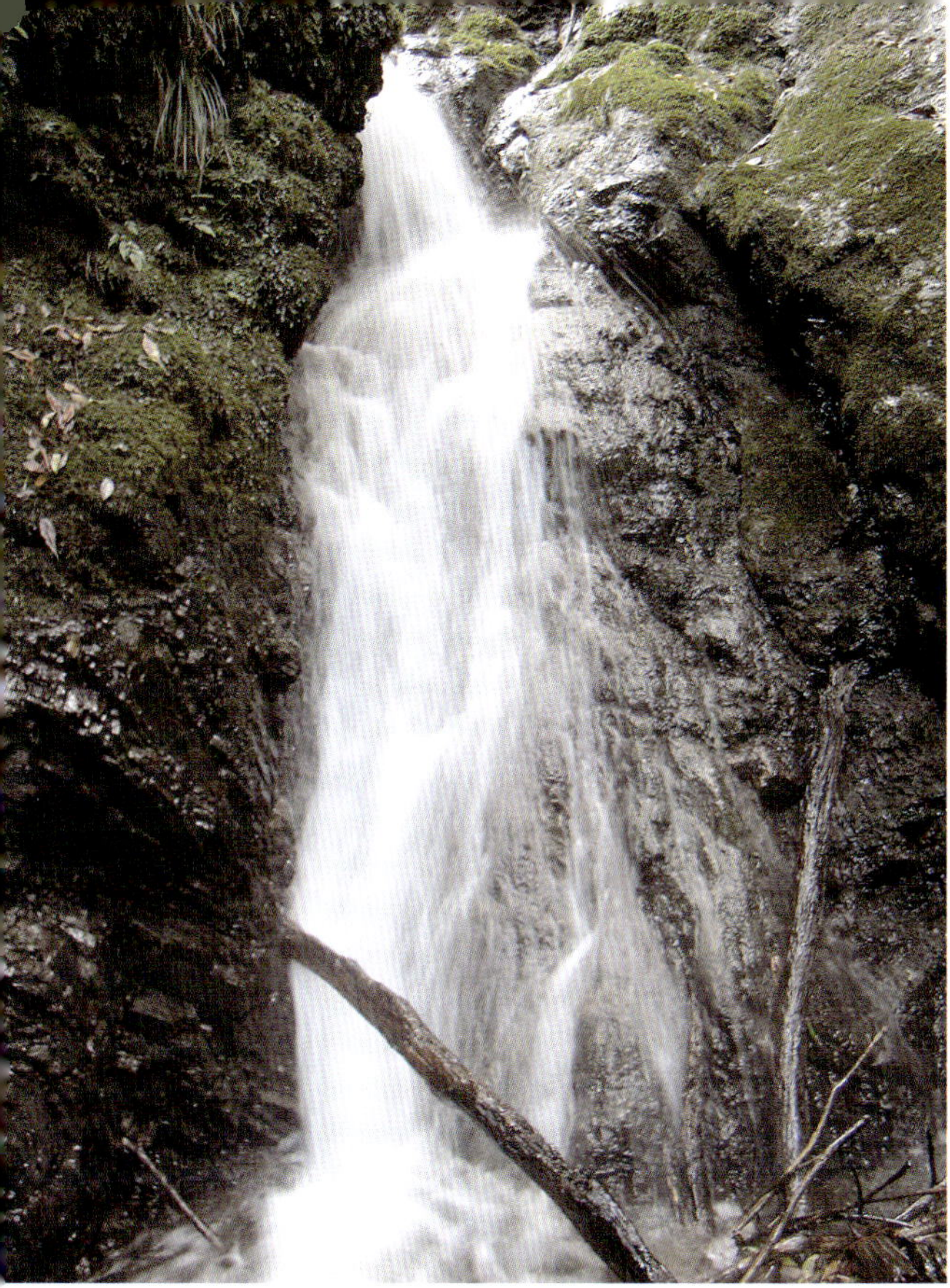

42 柏・不動の滝
▸202ページ

44 コモンバの滝 ▸208ページ

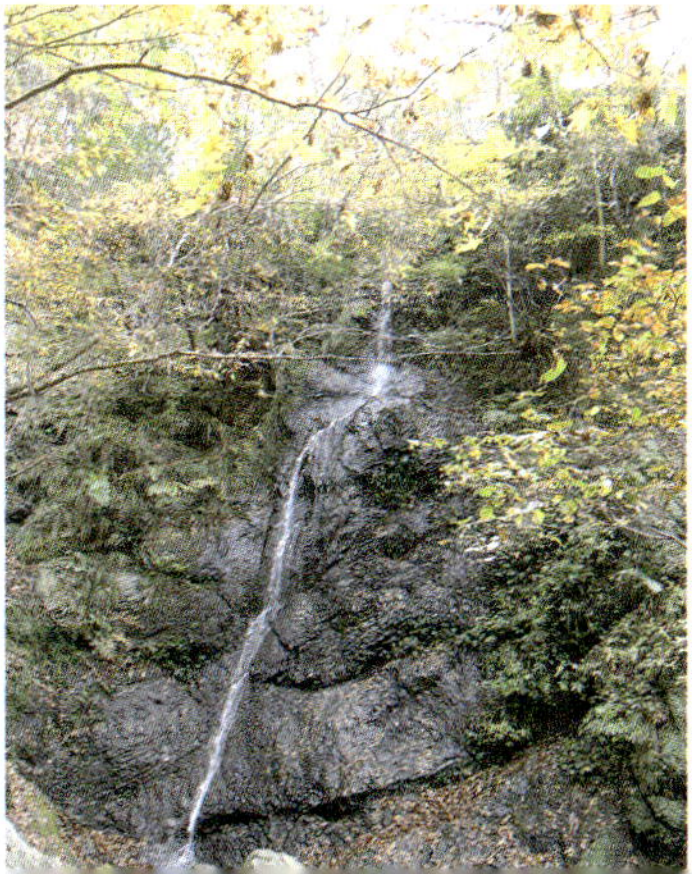

43 ヒジキ滝 ▸205ページ

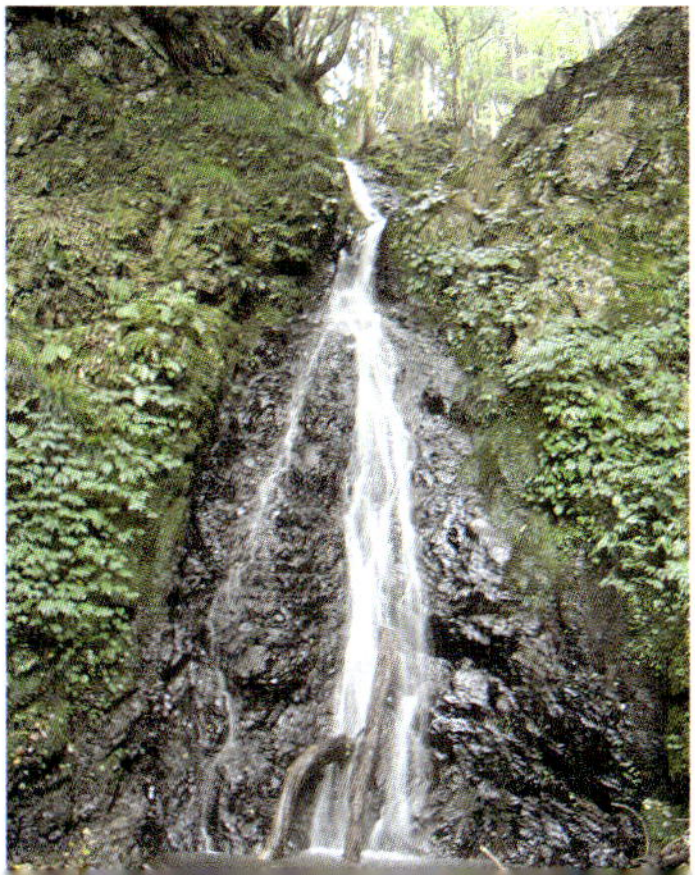

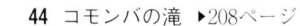

45-1　魚止の滝（八淵の滝）　▶213ページ

45-2　唐戸の滝（八淵の滝）　▶216ページ

45-2　障子の滝（八淵の滝）　▶216ページ

45-3　大摺鉢（八淵の滝）

▸217ページ

45-3　小摺鉢（八淵の滝）

▸217ページ

45-5 貴船の滝（八淵の滝） ▸220ページ

45-4 屏風の滝（八淵の滝） ▸219ページ

46 まぼろしの滝 ▸224ページ

45-6 七遍返しの滝（八淵の滝） ▸222ページ

別冊淡海文庫
18

近江の滝

水田有夏志 著

SUNRISE

近江の滝序説

滝の定義と語源

滝とは、河川（湖の場合もあるが、ほとんどは河川である）が段差になって水が落下している場所のことで、瀑布《ばくふ》ともいう。また、落下した水にえぐられて水深が深くなり、池のようになった場所を滝壺《たきつぼ》という。

一方、滝の語源は、水が沸《わ》き立つ、あるいは水が激しく流れる、といった意味の「たぎつ」であると言われている。また、もともとの滝の意味は急流や激流などを指し、水が垂直に落ちるような現在の滝にあたる言葉は「垂水《たるみ》」であったが、それがいつの頃からか現在と同じ意味で滝が使われるようになったようである。

つまり滝とは、連続的に流れている河川の途中で、段差となってほぼ垂直に落下し、水が沸《わ》き立つように激しく流れ落ちるものである。あるいはなだらかな山並み、穏やかな自然の中に険しい岩壁がそそり立ち、その間を奔流《ほんりゅう》がごうごうと流れ落ちるのが滝である。それは連続的なものの中に不連続なものが、あるいは日常的な風景の中に非日常なものが突然のように現れる。その激しい変化、不連続性、あるいは非日常的な姿に惹《ひ》きつけられた人々が名所旧跡として訪れ、詩歌や絵画などに残したり、神の居ます場、心身を清め精神を鍛錬する場として大事に守ってきたのである。

滝の成因と種類

滝の成因には、次のようなものがある。

断層型　断層が川を横切り、そのずれで地盤の一部が陥没して形成される滝

溶岩遮断型　火山の溶岩流によって川がせき止められ、その出口に形成される滝

潜流《せんりゅう》型　地下水が壁面に湧き出て落下する滝

浸食型　川が浸食を繰り返し、川底の岩盤が表面に出て形成される滝

また、滝はその形態によって、次のように分類される。

直瀑　落ち口から滝壺まで一気に落下する滝。最も男性的でオーソドックスな滝で、名瀑と呼ばれるものもこの型が多い。

段瀑　二段、三段と階段状に落下する滝。大小の段差が連続した滝全体が一つの風景を形成する。

分岐瀑　落ち口から幾筋にも分かれて落下する滝。水量が少ないものが多く、女性的で優しい感じの滝が多い。

直瀑（神爾の滝・雌滝）

段瀑（観世音菩薩の滝）

渓流瀑　傾斜した岩肌を滑るように流れる滝。登山や沢登りの案内書で「ナメ」と呼ばれるもので、渓流の美しさの一つの象徴になっている。

潜流瀑　地下水が崖から湧き出て落下する滝。白い筋が幾本も垂れ下がり、白糸の滝などと呼ばれるものが多い。

海岸瀑　海岸の崖の上から直接海に落ちる滝。島や半島などに多い。

実際に現地を見てみると、形態によるこの分類ですべてを区分することは困難である。すなわち、この分類の中には、滝の段数、水の落ち方、滝の傾斜などの要因が混在しているため、実際には段瀑でかつ分岐瀑というものがある。また季節によって水量が異なり、出水期には直瀑に見えたものが渇水期には分岐瀑に見える、ということもよくある。しかし、滝の形態をおおよそつかむには有効な分類法である。

分岐瀑（漆が滝）

渓流瀑（五色の滝）

滝の分布

滋賀県は、琵琶湖の周りを比良山地、湖南アルプス、鈴鹿山脈、伊吹山地、野坂山地などの山々が取り囲み、また内陸部にも低山や丘陵地が広がっており、これらの山々の中にいくつもの滝がある。

中でも比良山地と鈴鹿山脈には、滋賀県でも最も多くの滝が存在する。

比良山地は、東の琵琶湖側、西の安曇川流域のいずれも地形が急峻であり、谷の浸食も激しいため、多くの滝が存在している。中でも安曇川の支流である明王谷は、滝の規模においても、またその数においても、滋賀県有数の滝のメッカである。

鈴鹿山脈は、東の滋賀県側は傾斜が比較的緩やかであるが、西側は伊勢平野に向かって急激に落ち込んでいるため、むしろ三重県側に顕著な滝が数多く存在する。しかし、滋賀県側も山が深いだけに、元越《もとこし》大滝、稲ヶ谷の大滝、天狗の滝といった規模の大きな滝が点在している。

一方、湖南アルプスは、比良、鈴鹿に比べると標高は低いが、花崗岩が風化して岩が露出した場所が多く、また渓流の浸食が激しいため、山の規模が小さい割には多くの滝が見られる。

伊吹山地、野坂山地は、これらの地域に比べると滝の数こそ少ないが、五色の滝や五銚子《ごちょうし》の滝など特徴的な滝が見られる。また、この地域は登山道などが整備されていない山域も多く、まだ知られていない滝が隠されている可能性もある。

近江の滝の特徴

近江は、中央に琵琶湖が存在し、その周りには平野部や丘陵地が広がり、さらにその周りを山々が、まるでお盆の縁のようにぐるりと取り囲んでいる。

『湖国小宇宙―日本は滋賀から始まった―』(高谷好一、サンライズ出版)にも湖国近江の姿が書かれている。

空間的にも時間的にも大きな広がりを持って存在しているひとつの実体、それが宇宙です。いいなおせば、生態的な一つの広がりを持ち、歴史的な深みを持って存在して来た一つのまとまりのあるもの、それが宇宙です。滋賀県は琵琶湖を中心にしてまとまり続けてきたと私は考えています。だから滋賀県は湖国宇宙といってもよいと考えているのです。銀河系宇宙などに比べるとはるかに小さい。だから、湖国小宇宙と呼びたいと思うのです。

その小宇宙の中に集落、水田、河川、ため池、山などの構成要素が、まるで惑星のように散らばっている。しかもこれらは、近江という早くから開けてきた地域において、古くから人々との間に深い関わりを保ってきた。このように、近江全体を小宇宙として捉えると、近江の滝もその構成要素の一つとして、きら星のごとく輝いて見えてくる。

それでは、流域単位で見てみるとどうだろうか。琵琶湖に注ぐ河川は、すべてお盆の中央にある琵琶湖へと注いでいる。このため、近江には信濃川や利根川のような大規模な河川はなく、山から流れ出た川が平野部に出て、すぐに琵琶湖に注ぐ小規模な河川ばかりである。このわずかの間に、河川の水は田用水や生活用水など、さまざまな形で繰り返し高度に利用されてきた。

しかし、灌漑《かんがい》技術が発達する一方で、規模が小さく流量が安定しないため、流域各地で激しい水争いが頻繁《ひんぱん》に発生し、雨乞行事なども盛んに行われてきた。また、過度の伐採利用や戦乱などで山が荒れ、洪水被害にもたびたび悩まされてきた。

このように、近江は山や川と人々との関わりが濃密で、水へのこだわりが強い場所であったが、そんな山や川、水への関心やこだわりが向かう場所の一つに滝があった。

不動明王像（楊梅の滝・雌滝）

近江の滝を調べてみると、あらためて滝にまつわる伝承、昔話の多さに驚くばかりである。また、多くの滝の傍《かたわ》らには不動明王が祀られ、滝行のための施設が整えられている。それだけ滝と人間との関わりもまた、濃密であったに違いない。

近江には華厳《けごん》の滝、養老の滝、あるいは那智《なち》の滝のような規模の大きな滝は見られないし、観光地になるほどの派手な滝もない。しかし、流域の人々と深い関わりを保ちながら、大切に守られ続けてきたものが多く、それこそが近江の滝の最も大きな特徴であると言えるだろう。

滝と信仰

琵琶湖周辺の平野部では、慢性的な水不足に悩まされ続けてきた。このため、先にも述べたように、近江は雨乞信仰が盛んな地であった。

滝が雨乞いの対象になったのは、渇水時にも水が枯れることがなく、また、滝水が岩から落ちる様子が降雨を連想させることから、そこに水神が宿っていると考えられたためであろう。多賀町の大滝神社の祭神は、高龗神《たかおかみ》と呼ばれる水神であるが、同時にその御神体は、近くにある大蛇が淵と呼ばれる滝そのものである。

また、滝の裏側には竜宮城があって、そこには竜神や水神がすんでいるとする竜宮伝説もまた、雨乞いに関係しているようである。

一方、近江の伝説や昔話には、お姫様が滝に身を投げて大蛇になる話など、蛇や竜にまつわるものが数多く存在するが、蛇や竜も水神が姿を変えたものとして、雨乞信仰の対象になっている。

雨乞いの方法には、山の頂上などで火を焚くもの、唄や踊りで降雨を懇請《こんせい》するもの、滝壺や山上の池などを冒瀆《ぼうとく》する行為を行って神を怒らせるもの、神社に籠《こ》もってひたすら祈願するもの、滝壺などの聖地から神水をもらってきて耕地などにまくものなど、さまざまな形態がある。

そのような中で、滝に関連した雨乞行事としては、現在は永源寺ダムに沈んだ萱尾《かやお》瀧の例がある。滝の近くにある大滝神社の境内では、賑やかに祭り囃子《ばやし》を歌い踊り、地元の若者たちが勇壮に滝壺へ飛び込む「瀧飛の神事」も行われていた。また、日野町の熊野の滝や高島市のマキノ・不動の滝では、今もなお毎年決められた日に神事などが行われている。

また、滝は身を清める場としても重要視される。つまり、神や仏に参詣したり祈願をする際に、川や湖の水を浴びたり滝に打たれたりすることによって、自らの罪やけがれを洗い流し、心身を清浄にする。これを神道では禊《みそぎ》、仏教では水垢離《みずごり》などと呼んでいる。

わが国には、古来より山、川、岩、草、木など、自然界に存在するすべてのものに神が宿るという思想がある。そして人間が自らを鍛えようとするとき、このような自然の神々の力を必要としてきた。修験道や千日回峰行は、これらの神々と一体化し、また自然の厳しさの中に身を置くことで、心身を清浄にしながら鍛錬するものである。険しい岩がそそり立って人を寄せ付けず、激しい水が容赦《ようしゃ》なくたたきつける滝は、最も厳しい自然の姿の象徴であり、また自然のエネルギーがあふれる場所でもある。また、神が宿る場所でもあって、そこで山伏や行者によって水垢離や滝行などが行われてきた。

比良山地の明王谷にある三の滝は、比叡山の相応和尚《そうおうかしょう》が回峰修験を始めた場所であるとされており、いわば滝行のメッカである。

これらの修行には不動明王がつきものであり、近江の滝の多くには、そのそばに大小の不動明王像が安置され、また滝の岩壁そのものに彫られているものもある。

不動明王は如来が怒りの姿に変じたものとされ、憤怒《ふんぬ》の形相で右手に剣を持ち、左手には索《さく》（縄）を持っている。すなわち、不動明王は修行の厳しさを教え、煩悩《ぼんのう》を戒める姿の象徴でもあるが、同時に苦行に立ち向かう修行者の守護神でもある。一方、不動明王はその威厳によってすべての悪魔を屈服させ、悪疫や災難を払う力を有していることから、雨乞信仰や病気平癒などの象徴にもなっている。

三雲・不動の滝では、講を結成して病気平癒や不老長寿を願う滝参りが行われている。僧や山伏による厳しい鍛錬とはまた別に、滝に参り身を清めることで、さまざまな願いをかなえようとする民間信仰に近いものと考えられる。

薬師の滝や大石の大滝のように、滝そのものよりも滝で発見された仏像を信仰する例も見られ、そこに近江の滝と信仰との関係の多彩さが現れている。

滝と動植物

滝は河川の上流域に多いため、周囲が森林であることが多い。しかし、中には森林と水田地帯の境にあるものや、道路などの人工物に接している場合もあり、滝が位置する場所によって、様々な環境に適応した生物が見られる。

当然のことながら、滝の周辺には水を好む生物が多く生息するが、岩盤が露出したような厳しい環境に適応した植物が見られるのも特徴の一つである。

まず、樹木について見てみると、滝の周辺の森林は杉や檜の人工林の場合と、広葉樹などの天然林の場合がある。近年、ブナなどの広葉樹が注目され、杉や檜の人工林に批判的な目を向ける風潮も見られるが、手入れされた人工林は風景としても美しく、特に滝の周辺にそそり立つ杉の大木は風格もあり、滝の厳粛《げんしゅく》な雰囲気を高める効果がある。例えば、大津市葛川坊村《かつらがわぼうむら》町の三の滝では、滝の周辺に杉やモミの大木が林立し、厳《おごそ》かな雰囲気を醸し出している。

ダイモンジソウ

また、滝の周辺の森林は伐採されずに保護されることが多く、暖温帯の潜在《せんざい》植生であるシラカシ、アラカシ、タブ、ヤブツバキなどの常緑広葉樹が残されている例も多い。

比良山系や湖北地域の渓流などには、トチノキ、サワグルミ、オニグルミ、カツラなど水気を好む落葉広葉樹が、渓流沿いに明るく美しい渓畔《けいはん》林を形成している。特に高島市朽木にあるカツラ滝は、カツラの大木群と一体となって美しい渓流美を誇っている。

湖南アルプスや鈴鹿南部などの花崗岩地帯には、アカマツ、リョウブ、コナラ、ツツジ類などの樹木が見られる。大津市上田上《かみたなかみ》桐生《きりゅう》町の落が滝は、このような痩せ地特有の樹木の中に風化した花崗岩の岩壁がそそり立ち、一種独特の景観を見せている。

イワタバコ

『高島郡誌』の「八淵瀧《ヤチノタキ》」「一、魚どめの淵」には、シャクナゲ、マンサク、コブシなどの樹木が滝の周囲に生えている様子が表現されている。また、滝の岩壁のわずかな割れ目に根を張って咲いているシャクナゲも見られる。岸壁の険しさ、奔流《ほんりゅう》の激しさと、その横にひっそり咲くこれらの花々との対比は、昔も今も滝を訪れる人々を惹きつけている。

次に草本《そうほん》では、常に水しぶきを浴びながら岩に張りつくように生育する植物が特徴的である。「大」の字の形の白い花を咲かせるダイモンジソウ、夏に岩から垂れ下がる大きな葉の間から紫の星のような花を咲かせるイワタバコ、ミズとも呼ばれて山菜にも利用されるウワバミソウ、線の入った大きな葉を持つオオバギボウシなどが見られる。

また、かつて清流に見られたワサビは乱獲のせいか、最近は少なくなっているようだが、いくつかの滝の周辺で見ることができた。

　チャルメルソウやネコノメソウなども渓流付近に多い植物である。チャルメルソウは果実の形が楽器のチャルメラに似ていることから命名された植物で、いくつかの種類がある中にタキミチャルメルソウというものがある。鈴鹿山脈に分布するが、まさに滝にふさわしい植物である。

ウワバミソウ

ワサビ

　ほかにも滝の周辺の急斜面などには、イワカガミやイワウチワなどが、また滝壺の周辺にはツリフネソウなども見られる。
　動物では魚類、両生類、鳥類、哺乳類のうち、滝の周辺で目にしたものを挙げてみる。
　まず魚類では、滝壺や小さな淵で飛び跳ねるイワナやアマゴが目についた。
　両生類では、ヒキガエル、カジカガエルなどのカエル類が見られる。中でも清流に住み、カエルとは思えないほど美しく繊細な声で鳴くカジカガエルは、鈴鹿山脈や比良山地の渓流でその美声を聞くことができる。また、熊野の滝の案内板によると、周辺にはオオサンショウウオが生息しているとのことである。

鳥類では、水辺に多いハクセキレイ、キセキレイ、セグロセキレイなどのセキレイ類のほか様々な鳥が見られるが、中で最も印象的な鳥はミソサザイである。ミソサザイはスズメよりも小さく、体色は焦げ茶色で、周りの色に紛れて目立たない鳥である。ところが、小さな体のどこから出るのかと思えるほど大きな声で鳴く。谷を歩いていると、すぐ近くからツルルル、スピスピ、チイチイ、ピチュピチュという、けたたましい声が響いてくる。よく見ると、渓流の岩や木の根のそばで、さえずりながら移動している小さな鳥が見つかる。ほぼ一年を通して、どんな滝を訪れても、ミソサザイの声だけはいつも聞こえてきて、妙に親しみを覚える鳥である。

哺乳類では、特に滝に限ってということではないが、ニホンジカ、ニホンカモシカ、ニホンザル、イタチ、ニホンリス、シマリスなどが滝を訪問する途上の山道や渓流などで見られる。

滝の保護と開発

滋賀県は交通の要衝で、京阪神や名古屋などの大都市圏にも近いことから、高度経済成長期以降、開発が急ピッチで進められてきた。開発の波は山間部や里山地域にも及び、近江の滝にもさまざまな形でその影響を及ぼした。

かつて存在した滝のどれほどが消滅したり、決定的な影響を受けたかについては明らかではない。しかし、滋賀郡、甲賀郡、神崎郡などの地誌、あるいは昔話などに掲載されている滝の現存が確認できない例もある。

　明らかに消滅した滝の一例として、永源寺ダムの底に沈んだ「萱尾瀧」がある。また、「萱尾瀧」の例ほど顕著ではないにしても、ダムや道路などの建設によって影響を受けた滝は少なからず存在すると思われる。こういった開発を滝の保護の観点から批判的に見る向きもあるが、開発にはそれぞれの目的があり、道路にしてもダムにしても、それによってさまざまな恩恵を受けているのも事実である。先の「萱尾瀧」の例で言えば、愛知川流域の人々にとって農業用水の確保は死活問題であり、かつては水争いも頻繁《ひんぱん》に発生していたようで、そのような水に対する切なる思いの象徴が「萱尾瀧」であった。滝のそばにある大滝神社では、唄を歌い、太鼓や鉦《かね》を打ち鳴らして雨乞いの行事が行われ、付近の住民だけではなく、愛知川流域の農民が大挙して滝参りに訪れたようである。永源寺ダムの建設は、このような流域住民の長年にわたる悲願の実現であり、それによって農業の生産効率が飛躍的に向上した。国道、県道、林道や砂防ダム、治山ダムについても同様であり、それらの建設によって生活の利便性の向上、経済の発展、防災など、さまざまな恩恵を受けている。

　このような中で、人々の考え方や価値観は時代の流れとともに変化し、場合によっては生活の不便さを許容してでも自然を守ろうとする考え方も現れてきている。そんな中で、滝の保護と開発のどちらを優先するかの問題は、以前よりも複雑になってきている。今後の開発においては、滝の存在だけではなく、その歴史的経緯や住民との関わりなど、広い観点から調査を行い、さまざまな立場の意見を聴いた上で進めるという流れになりつつある。

滋賀県には、先にも述べたように、古くから人々との間に深いつながりを持って守られてきた滝が数多くある。これらの滝を訪問すると、滝壺の周辺はきれいに掃き清められ、滝のそばの祠には美しい花が活けられている。このようにして、地元や信者、講などの人々によって守られている滝がある一方で、歴史や由緒があるにもかかわらず、過疎化や行事が廃《すた》れたことなどによって、荒れてしまった滝も見られる。また、道路脇に立派な滝があるにもかかわらず、車が素通りするばかりで、ほとんど見向きもされずに放置されていたり、ペットボトルや空き缶が滝壺の周辺に散乱している滝も見られる。

このような滝の姿を見ていると、人との関わりの重要性を再認識させられる。里山が人々の継続的な手入れによって美しい景観が保たれたり、生物多様性が増したりするのと同様に、滝もまた人々との関わりの継続によって守り育てられるものである。例えば、米原市番場《ばんば》では、鎌刃《かまは》城址と青龍の滝との歴史的な関係を掘り起こし、イベントなどを通じて関心を呼び覚ますことで、滝と人との新たな関係が生まれつつある。

一方、滝を愛好する人々の中には、滝の魅力や感動を独占したい考えからか、他の人々が訪れることを敬遠するような意見もみられる。確かに分別のない行為によって、滝や周辺の環境が荒らされる懸念も理解できないことではない。しかし、滝のすばらしさや感動を多くの人々が共有することで、むしろ滝の開発と保護に対する議論が深まり、滝と人との新たな関係が構築されるのではないだろうか。

大津地域

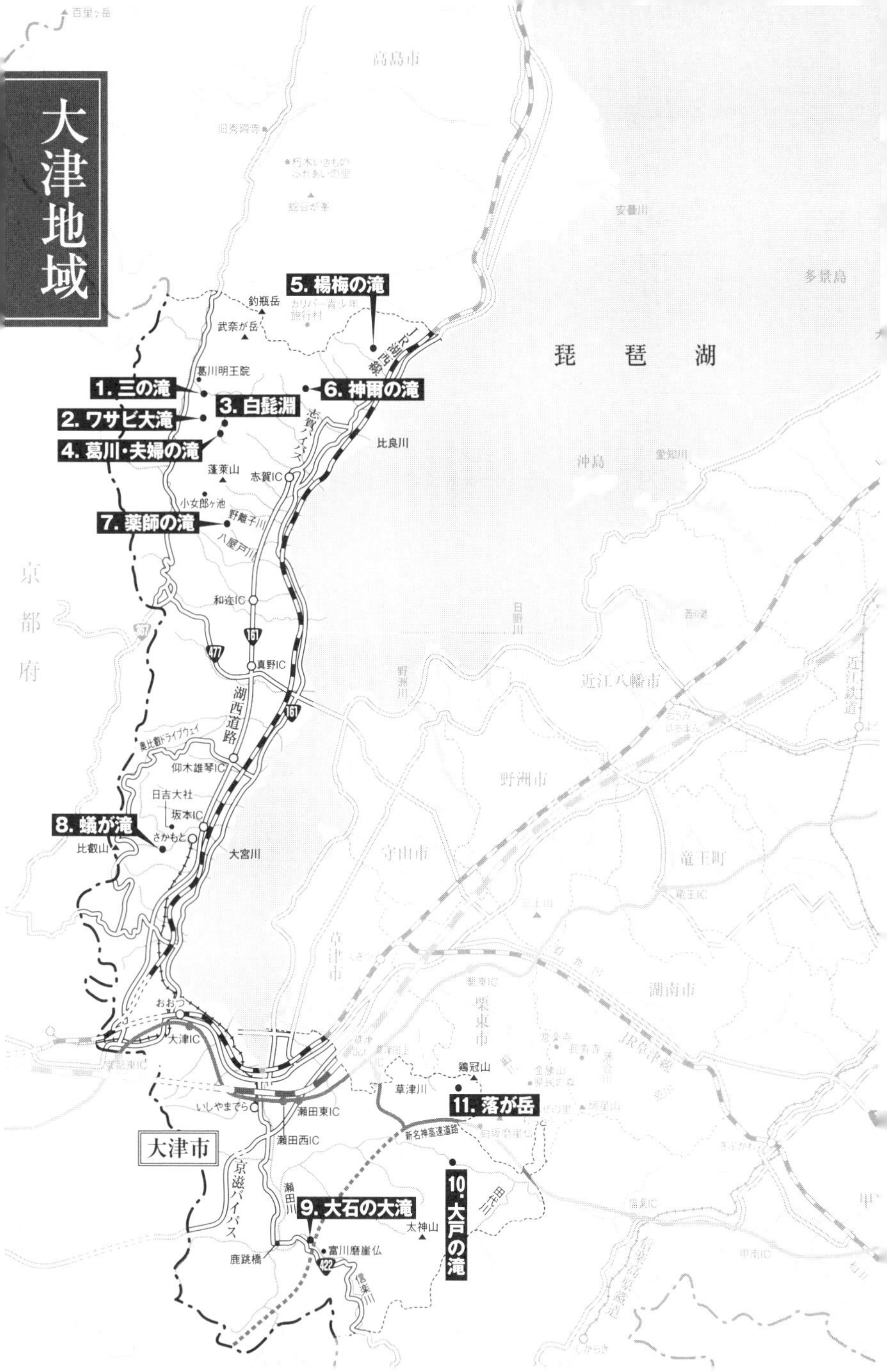

百里ヶ岳
高島市
安曇川
多景島
琵琶湖
5. 楊梅の滝
釣瓶岳
武奈が岳
葛川明王院
1. 三の滝
2. ワサビ大滝
3. 白髭淵
4. 葛川・夫婦の滝
6. 神爾の滝
JR湖西線
志賀バイパス
比良川
沖島
愛知川
蓬莱山
志賀IC
小女郎ヶ池
7. 薬師の滝
野離子川
八屋戸川
京都府
和迩IC
161
477
367
真野IC
日野川
野洲川
近江八幡市
湖西道路
奥比叡ドライブウェイ
仰木雄琴IC
野洲市
日吉大社
坂本IC
8. 蟻が滝
さかもと
比叡山
大宮川
守山市
竜王町
草津市
湖南市
栗東市
JR草津線
おおつ
大津IC
鶏冠山
草津川
いしやまでら
瀬田東IC
11. 落が岳
瀬田西IC
新名神高速道路
大津市
京滋バイパス
瀬田川
10. 大戸の滝
9. 大石の大滝
太神山
富川磨崖仏
鹿跳橋
422
信楽川

1

三の滝

葛川明王院に籠もる回峰行者の聖地

［所在地／大津市葛川坊村町］

【アプローチ】大津市役所葛川支所から国道三六七号を渡り、明王院の橋の手前から川に沿って明王谷林道を進むと、三の滝への下り口がある。葛川支所から三の滝までは徒歩約四〇分。明王谷林道にはゲートがあり、車で進入することはできない。

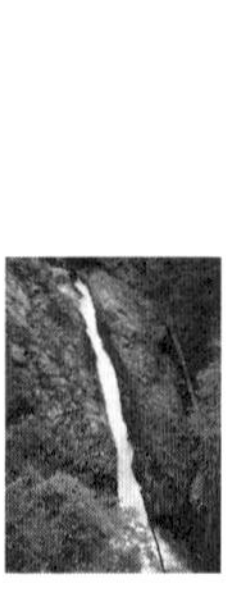

安曇川支流の明王谷は、比良山地の西側では最大の谷であり、その支流は牛コバ付近で大きく三つに分かれる。一つ目は武奈《ぶな》ヶ岳周辺を源流とする口ノ深谷、二つ目は八雲ヶ原を源流として金糞《かなくそ》峠付近を流下する奥ノ深谷、そして三つ目は打見山や蓬莱《ほうらい》山を源流として比良岳と白滝山の間を流下する白滝谷である。

明王谷は、これら三つの谷が扇形に広がる集水域の広い谷であるが、いずれの谷も急流で深くV字に切れ込み、滋賀県でも有数のすばらしい滝を数多く有している。このうち口ノ深谷には登山道がなく、また、奥ノ深谷には「十九の滝」という滝群があるものの、険しくて近寄ることが困難である。一方、明王谷の下流部と白滝谷には登山道が整備されており、いくつかの滝を見ることができる。

大津市葛川坊村《かつらがわぼうむら》町の集落から山に向かって進む。正面に地主神社があり、神社の鳥居の前を左へ曲がると、赤い橋の向こうに葛川明王院がある。葛川明王院は比叡山の回峰行のための別院で、正しくは息障明王院《そくしょうみょうおういん》といい、相応和《そうおうか》尚《しょう》が平安時代中期に開いたものとされる。

　相応和尚は若い頃に慈覚大師円仁に見いだされ、その直弟子となって一二年間比叡山に籠山《ろうざん》して勉学修業した。やがてその修行に山岳を遍歴する回峰修験を取り入れ、その道場を比良山地に求めた。ちなみに花折峠の名は、比叡山から葛川へ向かう回峰行者たちがここで樒《しきみ》を折り取ったことからつけられたと言われている。

地主神社

　さて、相応が葛川を訪れると、土地の神である志古淵《しこぶち》明神が現れる。志古淵明神は安曇川の淵にすむ水の神であるとされ、先の地主神社に祀られている。この神様が相応に「何をしに来たのか」と訪ねたので、相応が目的を告げると「ここには行場にふさわしい滝が十九と清い流れが七つあるので、この土地をお前に授ける」と言った。

　侵入者と土地の神が争う構図はよく見られるが、ここでは修行のために訪れた相応に対して、土地の神が快く土地を提供している。相応が真剣な修行者であることを見抜いていたのだろうか。現在も地主神社と明王院が川を挟んで仲良く並んでいるのが、両者の交流を暗示している。

ちなみに葛川とは、相応和尚がこの土地で不動尊を彫った木が桂《かつら》の木であったことが由来であると言われ、また、葛川の葛は「くず」とも読むが、九頭（くず。福井県の九頭竜川も同じ意味であろう）とは、すなわち水の神のことを指すとも言われている。

明王院の橋の手前を右折して、谷沿いに林道を進んでいく。ヘアピンカーブを何度か繰り返しながら林道を上っていくと、道はやや平坦になり、沢音が下の方から響いてくる。やがて谷側の斜面に大きな杉が見えると、滝への下り口に着く。

急な階段を下りていくと、道の脇には杉やモミの大木がそそり立ち、荘厳な雰囲気を醸し出す。林道から五分ほど下ったところに滝見台がある。そこはちょうど谷へ突き出た痩《や》せ尾根の先で、周囲は切り立った崖に囲まれ、クサリの手すりが張り巡らされている。

滝見台からは、木の間越しに滝が見える。さすがに明王谷の本流だけあって、豊富な水が一気に流れ落ちていく姿は圧巻である。黒い岩には溝があり、水は跳ねたり散ったりすることなく、その溝を忠実にたどりながらまっすぐ滝壺に落ちていく。あまりにも一直線なので不思議な気がするが、ちょうど滝の岩に断層があり、断層線に沿って水が流れているとのことである。

丸い滝壺は深そうで、濃緑の水を湛えて神秘的である。滝に必要なものが過不足なく整って、文句のつけようのない滝である。

『近江国滋賀郡誌』の中の「坊村誌」には、「三ノ瀑布」として紹介されている。この中から三の滝の姿を表現した部分を抜き出してみよう。（注　原文は漢字とカタカナであるが、ひらがなに変換した。）

水源本村（注　坊村）白瀧山より発し裟羅《しゃら》の
上澗流《うえかん》を合し懸崖絶壁《けんがいぜっぺき》の間を繞《めぐ》り屈曲《くっきょく》して
一巨巌に達す岩高十仞《じん》水其上より落つ恰《あたか》も
天然溝《てんねんこう》を鑿《うが》つが如し
水勢斜行《しゃこう》して巌角《いわかど》に触《ふ》れ激浪碧潭《げきろうへきたん》に落つ其
声雷の如し
下視するに危険近づく可《べ》からず懸崖《けんがい》数十仞《じん》
老樹森夏時暑を知らず奇絶の境なり

言葉の端々から、滝の迫力あふれる姿がにじみ出てくるようである。しかも滝の特徴を良く捉え、現在もその姿がほとんど変わっていないことがよくわかる。

ところがそんな滝を眺めながら、何か充足されない感じを抱いたのは何だろう。そう思って滝を眺めていると、滝と自分との距離感であることに気がついた。しかも、滝見台からは滝を見下ろす形になり、滝の落差を十分に感じることができない。それがこの滝見台から三の滝を見たときに感じる一種のもどかしさの原因らしい。

そう思うと、滝のすぐ近くへ行って滝壺の手前から見上げてみたい気持ちが募ったが、周囲は切り立った断崖であり、とても下りられそうな場所はない。

あきらめて、一段低くなった尾根の先にある祠へ下りてみた。さびかかったトタン屋根の古びた祠には、格子の扉が閉まっている。中を覗くと、暗い中に墨で文字の書かれた板が何枚も立てかけてあった。

樒《しきみ》の枝を折り取って花折峠を越えた回峰行

者たちは、坊村に着くと明王院に籠《こ》もり、五日目に三の滝へ登ったが、その際に参籠札《さんろうふだ》と呼ばれる卒塔婆《そとば》に名前を書き込んで納めるしきたりがあり、現在も続けられている。古くは室町幕府三代将軍である足利義満が、応永十二年（一四〇五）に参籠札を納めた記録が残っているという。祠の中に立てかけてあったのはこの札で、今もこの滝が修行のメッカであることを物語っている。

　志古淵明神に案内された相応和尚が、生身の不動明王を感得すべく滝の前で祈っていると、目の前に不動明王が現れた。相応は思わず滝壺に飛び込んでそれに抱きついたが、気がつくと、それは上流から流れてきた桂の木であった。その木で彫った不動明王が葛川明王院の本尊となっている。

　葛川明王院では、毎年夏に太鼓回しの行事が行われる。すなわち、直径一メートル余りの大太鼓を回し、その回転が止まると、行者達は太鼓の上に乗って合掌し、向こう側へ飛び降りる。これは相応和尚が滝壺に飛び込んで不動明王に抱きついた行為を表現したものとされ、毎年七月十六日から二十日に行われる葛川参籠のクライマックスでもある。このように、現在も三の滝は回峰行者にとっては特別な行場であり続けている。

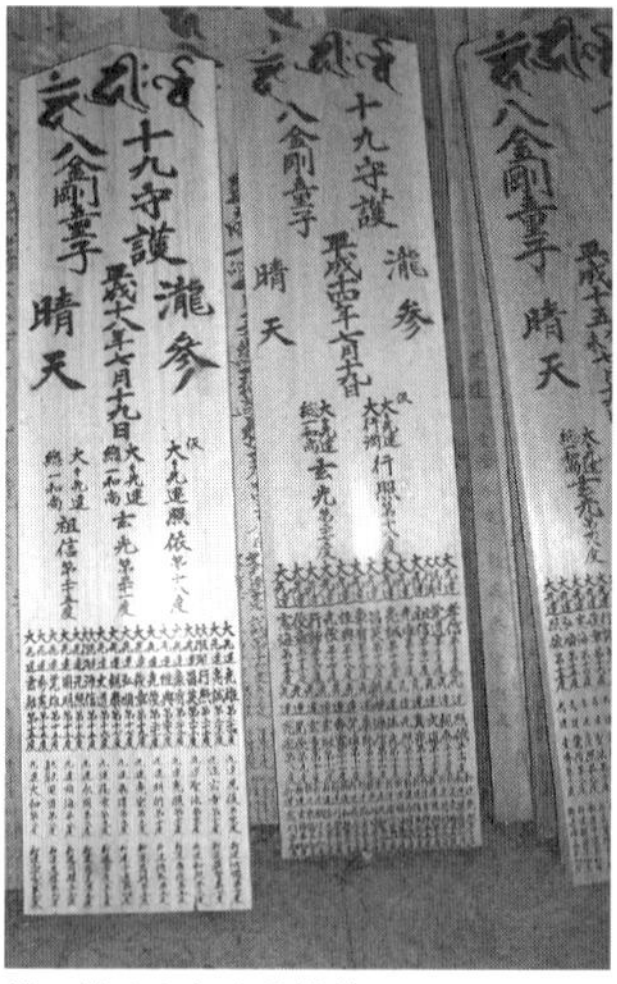

祠に納められた参籠札

尾根の先にある祠

滝の周囲にはシラカシ、アセビ、シデ、モミなどの緑深い自然林が取り囲んでいる。岩にはシダ、イワタバコ、ウワバミソウ、ギボウシなどが生えている。岩の黒さと白く輝く水、そして深緑の対比が鮮やかで美しい。

この滝の奥には弥勒菩薩のいる極楽浄土があると伝えられているとのことである。すなわち明王谷の源流には、武奈ヶ岳から蓬萊山へと続く比良の峰々が続き、そこはまさに山上の楽園であり、また極楽浄土でもあったのだろう。

滝の水量の豊富さと落ちる水の勢いからみて、滝行をするには規模が大きすぎるようにも思えるが、滝を取り巻く自然の厳しさと美しさは心を清らかにし、修行にふさわしい場所であっただろう。

志古淵明神の贈り物に感謝しながら、あらためて滝を見下ろしていると、さきほどまでの物足りなさはどこかへ去り、満たされた思いで一杯になった。ごうごうたる滝音を背にしながら、次のワサビ大滝を目指した。

2 ワサビ大滝

幻想と優美、ワサビ谷の二つの滝

［所在地／大津市葛川坊村町］

【アプローチ】 三の滝の下り口から五分ほど林道を進むと伊藤新道出合で、そこから登山道へ入って四〇分ほど登るとワサビ大滝（下の滝）に着く。下の滝から上の滝まではさらに一〇分ほど登る。

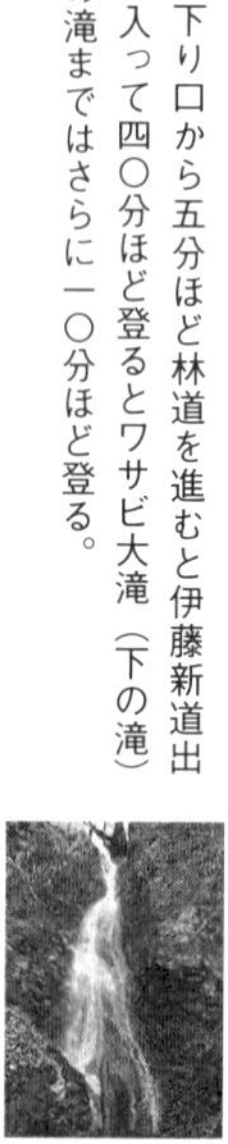

三の滝からさらに明王谷林道を五分ほど進むと、明王谷の支流であるワサビ谷が右から流れてきている。ここからワサビ谷を遡《さかのぼ》り、白滝山を経て夫婦の滝に至る道が伊藤新道である。

　ワサビ谷は明王谷本流の轟々《ごうごう》たる奔流とは打って変わり、谷というより沢に近いようなささやかな流れが斜面を流れ落ちている。最初は少し薄暗い杉林が続くが、やがて自然林になり、クマシデ、カツラ、フサザクラ、サワグルミなどの広葉樹が目立つようになる。

　二〇分ほど登ると道は途中で右岸側へ渡り、しばらく登るとやや荒れたような場所があって、その先にワサビ大滝（下の滝）がある。

　ワサビ大滝は、黒い岩肌に細く白い水が糸のように流れ落ちる優美な滝である。荒々しい三の滝とは違って、やさしく女性的な感じがする。

　落ち口ではじけた白い水は左側へ向きを変え、やや末広がりになって落ちていく。その姿には、腰をひねった美女のような艶《つや》やかさを感じさせるものがある。

左上から右下へ走る層理のある岩肌に、さらさらと当たって砕けながら落ちていく水音が軽快である。深山で思わぬ美女に出会ったような不思議さ、神秘さを感じさせる。

滝壺はなく、ガラガラした岩が転がって、少し足場が悪い。その岩の間にわずかばかりワサビの葉を見つけた。おそらく、かつてはワサビが豊富に生育し、それが谷と滝の名の由来にもなったのだろうが、環境の変化によるものか、あるいは乱獲によるものか、今では消滅寸前である。

先ほどのやや荒れた感じの場所へ戻り、大きなトチノキの横を登っていく。ここは崩壊があったらしく、ガレ場の中を登り詰めると明確な登山道が現れる。小さな尾根のような場所から見上げると、その上に滝がちらりと見えた。滝へ行く道はないが、ほんの少しの距離なので、登山道をはずれて斜面を登ると、下の滝とは表情の異なる滝が現れた。

二段の滝で、上段には少し奥行きがあって、下段との間のポケットに水がたまり、そこから吹き出した水が大きく跳ねて落ちていく。

周囲は薄暗く、やや陰気な印象である。そんな薄暗い中に、白い水がぼうっと浮かびあがり、幻想的な雰囲気を醸し出す。

滝の上方からは涼しい風が吹き下ろし、上段から噴き出た水が霧状になって顔に当たるのが心地よい。

滝に興味がなければ、上の滝には気づかずに通り過ぎてしまうだろう。しかし、幻想的な上の滝と優美な下の滝、二つの異なる表情を持った滝を見過ごしてしまうのは、あまりにももったいない。

3

白髭淵（白滝）

志古淵明神を連想させる老翁の白髭

［所在地／大津市葛川坊村町］

【アプローチ】 伊藤新道出合から林道をさらに進むと、牛コバの少し先で林道は終わり、そこから白滝谷に沿って登山道がある。これを進むと白髭淵への分岐があり、右へ入るとすぐに白髭淵に着く。伊藤新道出合から白髭淵までは約一時間三〇分。

ワサビ大滝から伊藤新道出合《であい》まで戻り、明王谷林道をさらに登っていく。明王谷本流の橋をいくつか渡ると牛コバに着く。明王谷は、ここから八雲ヶ原周辺を源流とする奥ノ深谷と打見山周辺を源流とする白滝谷に分かれる。

『山と高原地図45　比良山系』（昭文社）によると、奥ノ深谷には「十九の滝」の表示が見られる。そしてこの十九の滝こそ志古淵明神が相応和尚に教えた「行場にふさわしい十九の滝」であろう。しかし、滝の周辺は険しい崖と淵の連続であり、一般コースは整備されていない。

牛コバから白滝谷に沿って進むと林道は終点になり、ここから登山道が奥へ続いている。谷に沿った道は、トチ、カツラ、ケヤキ、サワグルミなどの広葉樹の緑がすがすがしい。苔むした岩々の間を流れる渓谷も美しく、傾斜も緩やかで歩きやすい。

しばらく進むと、やがて「白髭淵」の標識が現れ、谷へ下りる道が分かれている。そこを入ると、すぐに正面に滝が現れた。

淵とは言うものの立派な滝そのものである。水量が豊富なため、なかなか迫力がある。

二段の滝で、上段が下段よりも大きく幅も広い。幅広く落ちる白い水がまるで老翁の白髭のようにも見え、志古淵明神を連想させる。下段の滝は落差こそ小さいが、立派な上段の滝の前に控えて、滝全体をバランス良く見せている。その下には池のように深い滝壺があり、落ち込んで白く泡立った場所の少し先から、透きとおった水が泉のように湧き上がってくる。

白滝谷の渓谷美

周囲にはカエデ、シデなどの広葉樹の緑が、滝の白い水の反射光を受けて照り映えている。それほど規模の大きな滝ではないが、どっしりした安定感があり、滝の前に座って涼風に吹かれていると、なぜかほっとする。

白髭淵は別名「白滝」とも呼ぶが、白滝谷や白滝山など周囲の地名の由来になっていることが、この滝の存在の大きさを表している。

志古淵明神を祀る神社は、先の地主神社だけではなく安曇川の本流から支流にかけて広く分布している。この神はまた、筏《いかだ》の神でもある。安曇川流域から伐り出された木材は筏に組まれ、水流を利用して琵琶湖へ運搬された。急流には危険な淵や崖が多く、木材運搬の安全を志古淵明神に願った。つまり、志古淵明神は水の神であると同時に木材の神、山の神でもあった。

『京滋《けいじ》びわ湖山河物語』（澤潔、文理閣）では、シコブチ神はカッパであるとしている。すなわちカッパ（河童）のことを水虎とも呼び、これが転化して水虎（スイコ）→スイコブチ→シコブチとなったのだそうだ。

　高島市朽木には河童と筏《いかだ》をめぐる伝承があり、昔、シコブチが息子と二人で筏を組んで川を流れ下っていると、筏が淵のところで止まってしまった。ふと振り返ると、乗っていた息子がいないので、持っていた竿で水中を探ると、水底で一匹の河童が息子を抱きかかえていた。そこでシコブチは河童を諭し、息子を取り返したという。

　一方、志古淵のシコは醜という字を連想させ、その姿は子どもの姿をした河童というよりも、年老いた男性のイメージを抱く。相応和尚にこの地を譲り渡した大らかさにも、全てを悟り尽くした老翁を思い浮かべさせるものがある。

　そして、安曇川流域のあちこちに姿を現す志古淵明神の、この明王谷における本拠地が、もしかするとこの白髭淵ではないだろうか。

　地主神は、その土地の自然や万物を支配する神である。滝の規模や知名度では三の滝や葛川・夫婦の滝の方が勝っているが、もしかすると、この白髭淵こそがこの周辺の山川や木石など万物の中心的な存在なのかもしれない。明確な根拠は何もないが、滝壺の前の岩に座って白い髭のような淵を眺めていると、そんな思いがしてくる。

　言い換えれば、この滝は十九の滝を相応和尚や行者たちに譲ったシコブチの隠居先で、息子夫婦が住む夫婦の滝に少し遠慮しながらも、ここで悠々自適に暮らしているような気がするのである。

4
葛川・夫婦《めおと》の滝
理想の夫婦像を表す近江の名瀑

［所在地／大津市葛川坊村町］

【アプローチ】白髭淵の分岐から登山道をさらに約三〇分進むと山小屋があり、そこから五分ほど下ったところに葛川・夫婦の滝がある。

白髭淵から白滝谷に沿ってさらに登っていく。道はますます険しくなり、いったん谷から離れて大きく巻いていく。大きく谷を巻くということは、下の渓谷に厳しい崖や淵が連続し、立派な滝が存在することを表している。

滝の直上の谷を渡ると案内板や山小屋があり、大勢の登山者がくつろいでいる。山小屋に入ると、内部は休憩所を兼ねたお堂になっており、案内板には「夫婦の滝　縁結び・滝見不動明王」とある。扉の中を覗くと、長い剱《つるぎ》を持った木造の不動明王が安置されていた。

滝への道は登ってきた登山道の対岸にあり、お堂から五分ほど下ると滝見台に着く。

葛川・夫婦の滝は、その名のとおり二筋の流れが豪快に滑り落ちている。右側の流れは細くまっすぐに落ちて、中ほどから次第に広がり、滝壺の直上の段のところで大きく左へ折れ曲がって滝壺に落ちている。一方、左側の流れは落ち口から左に向かって小さく落ちたあと、滝壺までまっすぐ一気に流れ落ちていく。

休憩所を兼ねたお堂

　一見、二本の流れが単純に平行に流れているように思えるが、よく見てみると小さな変化がある。滝の上流で一つだった流れが二つに分かれ、小さな紆《う》余《よ》曲《きょく》折《せつ》や波乱を繰り返しながらつかず離れず、遠目には仲良く並んでいる。そうして落ちた水は滝壺で一体になる。まさに夫婦の姿を象徴するような滝である。

　二本の流れのうち、どちらが夫でどちらが妻なのかはわからない。亭主関白でも、かかあ天下でもない。夫を陰で支える妻でもないし、妻の尻に敷かれる夫でもない。どちらも対等の関係で、現代的とも言える夫婦像である。

　滝の周囲にはカエデやシデなどの木々が左右から枝を伸ばし、木々の緑と黒々とした岩、落ちる水の白さと滝壺のエメラルドグリーンが互いに引き立て合って鮮やかである。

　滝見台の下は断崖で、とても寄りつけそうにない。滝見台から眺めていると、左側の岩に不動明王が彫り込まれているのが見える。この滝もやはり相応和尚から始まる滝修行の場の一つ

葛川・夫婦の滝。その左手の岩肌に不動明王像

不動明王像（上の写真の拡大）

のようである。
　ジェットコースターのように岩の上を滑りながら落ちていく二本の白い流れは、まるで二匹の竜のようにも見える。流れ落ちる水の音は、ザクッ、ザクッと、まるで空気を切り裂くような鋭さで響いてくる。
　滝の大きさといい、姿の美しさといい、さらには夫婦の滝の命名の妙といい、まさに近江の名瀑の一つである。

5

楊梅《ようばい》の滝

〔所在地／大津市北小松〕

老若男女が遥拝した近江最大の滝

【アプローチ】 国道一六一号の北小松交差点を西へ入り、比良山に向かって舗装道路を進むと、駐車場に着く。駐車場から遊歩道を登っていくと、約一〇分で雌滝に到着する。雌滝から谷を渡って山道を登ると、涼峠への登山道と合流する。四阿《あずまや》を過ぎると分岐があり、そこを右へ下ると雄滝に着く。雌滝から雄滝まで徒歩約三〇分。なお、雌滝から薬研の滝を経て雄滝へ至るコースは一般道ではないので注意を要する。

湖西路を高島方面へ向かう際に、国道一六一号やJR湖西線の車窓から比良山の中腹に白い布のように見えるのが楊梅の滝である。

享保八年（一七二三）に膳所藩士の寒川辰清《さむかわときよ》が編纂を始め、享保一九年（一七三四）に完成した近江の国全域の地誌である『近江輿地志略《おうみよちしりゃく》』に「楊梅《やまもも》瀧」が紹介されている。

小松山にあり。小松山は其《その》高さ四丁半あり。瀧は山の八分よりながる。瀧坪《たきつぼ》五間四方許《ばかり》。瀧巾、上にては三間中にては四間下にては三間許。この瀧長さ二十間幅三間許、水は西の方より流れて東へ出で、曲折して南へ落ち、白布を引くが如し。故に或は布引瀧といふ。瀧の辺岩に苔《こけ》生じ小松繁茂し 甚《はなはだ》壮観なり。小松街道より此瀧まで十九町あり。

国道一六一号の北小松の信号から西へ入ると、左にＪＲ湖西線の北小松駅が見える。道端に背の高い石碑が建っており、「楊梅瀧道」という文字が見える。

『志賀町むかし話』（志賀町教育委員会編集、サンブライト出版）によると、昭和初期に滝の鑑賞者のための道が開設され、この滝道の近くの草むらの中に石碑が建てられたという。石碑には明治の童話作家である巖谷《いわや》小波《さざなみ》が作った次の句が刻まれていた。

涼しさや　一あしずつに瀧の音

石碑は年月の経過とともに風雨にさらされ、文字も淡く目立たなくなってしまったという。今、道端に立っている石碑にも「涼しさや　一あしずつに瀧の音」という行書の文字が見られる。しかし、花崗岩の石碑はまだ新しく文字もしっかり読めるので、これはおそらく二代目らしい。

湖西線の高架をくぐり、並木道をしばらく登っていくと、やがて舗装道は終点となる。駐車場の脇に説明板があり、これによると雄滝は四〇メートル、薬研《やげん》の滝は二一メートル、雌滝は一五メートルあり、滝の名は室町幕府第十三代将軍の足利義輝が天文二十三年（一五五四）に

楊梅瀧道の石碑

ここを訪れたときに命名したという。「楊梅」とはヤマモモという高さ十数メートルにもなる立派な木のことで、山中を堂々と流れ落ちる滝の水柱をその大木にたとえて「楊梅の滝」と名づけたとのことである。また、この滝を遠くから見ると、白布を垂れかけたように見えるので、「白布の滝」や「布引の滝」とも言われている。

また、雄滝の主は雄の大蛇であり、雌滝の主は大蛇になった小女郎《こじょろう》ヶ池の女房であるという。小女郎ヶ池の伝説については「薬師の滝」（59ページ）を参照されたいが、この話には続きがあって、ある大干ばつの年に池の水が涸れかかったときに、怒った雄の大蛇が楊梅の滝にすみかを移したのだそうである。

楊梅の滝の名の由来にあるヤマモモ（楊梅）は、ヤマモモ科ヤマモモ属の常緑広葉樹で、六月頃に熟する赤い実は食べられることから「山桃」とも書く。暖地に生育する樹木で、高さは五〜一〇メートル、大きいものは二五メートルになるとのことである。しかし、ヤマモモの大木はこのあたりでは珍しく、「山中を堂々と流れ落ちる滝の水柱を大木にたとえる」とすれば、ヤマモモよりも杉やモミやケヤキの方がふさわしい気もする。

『近江輿地志略』には、「楊梅瀧」のほかに「比良瀧」が紹介されている。

比良山間にあり。此瀧の一名を遙拝《ようはい》の瀧ともいふ、此瀧のある谷を瀧谷といふ。瀧の高さ一丈二尺許《ばかり》、この瀧谷の川筋より葛川への路あり。

遙拝（遥拝）とは、字のとおり遥《はる》か遠くから神仏などを拝《おが》むこと。「楊梅《ようばい》の滝」と「遙拝《ようはい》の滝」、読みが非常によく似ているのは単なる偶然だろうか。

『近江輿地志略』では、「楊梅瀧」と「比良瀧」を別の滝として扱っているが、「比良瀧」の所在地については記述がなく不明である。

一方、『近江輿地誌略』よりも古い元禄年間（一六八八〜一七〇四）に成立した地誌である『淡海録』でも、「比良瀧」の別名を「溶湃瀧《ようはい》」と記し、近江の国最大の滝であるとしている。これらの記述から、「楊梅瀧」と「比良瀧」もしくは「遙拝瀧」、「溶湃瀧」が混同されているようにも思われる。

推測であるが、この滝の本来の名は「遙拝の滝」だったのではないだろうか。里や湖上からもその姿がよく見え、県下最大の規模を誇る滝であることから、人々の畏敬と崇拝の対象であったことは間違いない。湖上の船から手を合わせ、また各地から集まった人々がこの近江一の名瀑を参拝する姿が目に浮かぶ。そんな人々が「遙拝する滝」に、何らかの形で足利義輝のエピソードが付加されて「楊梅」の字があてられたのではないだろうか。

滝への道を進むと、道の脇にはヤマモモの木が植えられている。急な石段を登り詰めると、やがて雌滝が現れる。雌滝とはいうものの、なかなか豪快な滝である。大量の水が黒い岩の間からあふれ、陽の光に白く輝きながらどっと滝壺へと落ちている。オーソドックスな滝で、いかにも滝を見たという納得感がある。滝壺に近寄ると、水しぶきが霧になって降りかかるが、ここまでの登りで汗ばんだ肌にはそれも心地よい。

周囲の林は落葉樹の中にウラジロガシやヤブツバキなどの常緑樹が混じっている。滝の手前

不動明王（雌滝）

には木製のデッキがあり、観光客はここから滝を眺める。滝壺の周囲にはいくつもの石碑が建っている。奥には不動明王の祠があり、古びた鉄格子の中には童子のような表情をした不動明王像が直立している。

木製デッキのあたりから川を渡り、雌滝までの道の対岸を登って雄滝へ向かう。

『志賀町むかし話』には「七曲がりの天狗の話」が載っており、雌滝から雄滝への険しい道は七曲がりと呼ばれたが、その途中に花一という雄滝と雌滝の両方が見える場所があるという。その花一で次郎坊天狗が早坂の明神様と仲違いをしたが、太郎坊天狗が仲裁し、七曲がりの松のところで仲直りをしたので、その松のことを七曲がりの天狗の松と呼んだという。

確かに険しい登りで、天狗でも出そうな場所だが、あたりに大きな松は見られない。ふり返ると、木々の枝に隠れて見にくいが、雄滝と雌滝の両方がかろうじて見えるポイントがあり、このあたりが花一らしい。

やがて尾根に出て右に曲がると、下からの登山道と合流し、その少し先に滝見台がある。四阿《あずまや》があって、ちょうど良い休憩場所である。ここから雄滝の白い水が見えているが、下の方は木々に隠れて全容を見ることはできない。

滝の左上に見える大きな白い岩はシシ岩である。右側にも切り立った岩があり、両側の岩のV字の間から水が噴き出している。滝の幅も広そうで、噴き出した白い水は幾筋かに分かれたり、収束したりしながら流れ落ちている。しかし、ここからでは遠すぎて水の音も聞こえない。まるで弁士のいない無声映画を見ているようで

揚梅の滝（雄滝）の遠景。左上の岩がシシ岩

現実感に乏しく、早く近くで滝を見てみたい気持ちが募る。

しばらく尾根道を上っていくと、やがて雄滝への分岐点に出る。ここを右へ進むと、道はゆるやかな下り坂になる。眼下には北小松の集落、その先に琵琶湖、その向こうにはぼんやり霞んだ沖ノ島が浮かんでいる。

一段と急になった坂道を下りていくと、水のほとばしる音がだんだん大きくなってくる。谷へ下りると、そこが雄滝の正面である。しかし、周囲からは木々が覆い、滝の下半分しか見えない。谷へ入ってカメラを向けるが、滝が大きすぎるので、全体をフレームにおさめることができない。しかも滝の正面に入ると、滝で巻き起こった突風が下方に向かって吹きすさび、風に乗った飛沫がまともに飛んできて、一〇秒たりとも正面を向いていることができない。あっと

いう間に体の前面はびしょ濡れになり、メガネもカメラのレンズも濡れてしまう。

それでも何とか滝を見上げると、いくつもの白い奔流が滝の中で広がったり、まとまったり、渦を巻いたりしながら、うねるように流れ落ちている。小女郎ヶ池の水を涸れさせた天の神に対する大蛇の激しい怒りが、滝の中で渦巻いているかのようである。

水は上から下へと落ちているが、見ようによっては下から昇っていくようにも見える。往古より人々が滝に大蛇や竜を見たのも、この姿を見れば納得できる気がする。

滝の迫力と威圧感は言語を絶するばかりで、あまりの滝の大きさ、強さに絶えられないほどである。適度な距離を置いて滝全体をじっくり見たいのだが、その場所もないし、滝がそれを許さないようにも感じる。

まるで退散するかのように、左岸側から下りていく。岩につかまるようにしながら下りていくと、何段かの滝があった。一つひとつの滝はそれほど大きくないが、連続した滝群で、これが薬研《やげん》の滝らしい。滝の下を渡り、崖のような道を下りていくと、突然のように雌滝のデッキの対岸へ出た。

雄滝を見たあとに、あらためて雌滝を見てみると、最初に感じた豪快さはすっかり薄れ、やさしささえ感じるほどである。デッキの周辺には、滝を見に来た親子連れ、老夫妻、若いカップルがのんびり過ごしている。その和やかな雰囲気は、数分前に見たあの雄滝の恐ろしいほどの威圧感とはまるで別の世界のように感じられた。

6

神爾《しんじ》の滝

自然のすさまじさを感じる比良山麓の滝群

［所在地／大津市北比良］

【アプローチ】 国道一六一号の国道比良山登山口交差点を西へ入り、舗装道を登っていくと、リフト乗り場跡の駐車場に着く。駐車場から登山道を進み、釈迦岳方面との分岐を左に進むと、登山口から約四〇分で神爾の滝（雄滝）に着く。雄滝より下のいくつかの滝へ降りる道は不明瞭で、しかも危険な場所が多いので注意を要する。

神爾の滝の「神爾」とは、三種の神器のこととも、また三種の神器のうちの八尺瓊勾玉《やさかにのまがたま》のこととも言われる。表記については文献によって「神爾」であったり「神璽」であったりと、少し混乱が見られる。『近江国滋賀郡誌』では「神璽《じんじ》瀑布」とあり、「寛文の頃僧月坡《がっぱ》廬《いおり》を営し獅々庵と子号す居る事四年にして寂《じゃく》す今址を存す」との説明がある。

月坡《がっぱ》は大津に生まれた曹洞宗の僧で、日本黄《おう》檗宗《ばくしゅう》の祖である隠元《いんげん》禅師に学び、また永平寺の書記を勤めたとも言われている。『都名所図《ず》会《え》』（一七八〇）には「曹洞宗月坡《がっぱ》和尚一宇を建て大宅寺とす」と記載されており、詩作にも優れていたという。

国道一六一号から比良川に沿って舗装道を登り、イン谷口をさらに進むと、現在は閉鎖されている比良登山リフト乗り場がある。そこから登山道を進むと、シャカ谷の出口にカマブロ洞《どう》

カマブロ洞

と呼ばれる小さな滝が出迎えてくれる。シャカ谷を回り込んで、リフト跡のコンクリート構造物の残骸を越えると神爾谷へ入っていく。

しばらく行くと分岐があり、右へ行くと釈迦岳方面への登山道となる。ここを左へ進んで檜林をしばらく進むと道標があり、神爾の滝へ下りる道がある。

谷へ下りると、豪快な滝が迎えてくれる。落ち口から勢いよく飛び出した水は、下から四分の三ぐらいの高さにある岩に当たり、左側へ大きく跳ねている。まるで消防車のホースから勢いよく飛び出した水のように、滝の途中から大きく跳ねている。その姿は何ともユニークである。花崗岩の岩肌は黒と黄土色のまだら模様で、何となくトラを連想させる。すると、滝の途中で跳ねた白い水がトラの牙のようにも見えてくる。

滝の右手にはガレ場があり、山腹から押し出してきた岩がごろごろしている。滝壺は、その押し出してきた岩に埋まってしまっている。

しぶきを浴びないように少し離れて滝を眺めていると、近くからミソサザイの鳴き声が聞こえてきた。ミソサザイは滝の音に負けまいと大声で鳴いていたが、やがてそれも滝の轟音《ごうおん》にかき消されてしまった。

『日本の滝2　西日本767滝』（北中康文、山と渓谷社）によると、神爾の滝は神爾谷にある滝群の総称で、容易に目にすることができるのは四段目の雄滝だけであるという。また、『比良の詩』（山本武人、サンブライト出版部）によれば、神爾の滝には全部で七つの滝があるが、最大の滝は四番目の滝であるという。

いったん登山道まで戻り、下りる道を探しながら引き返すと、尾根のような場所に踏み跡らしいものが見つかった。足場の悪い踏み跡を木の根をつかみながら下りていくと、右側に踏み跡が分かれている。崖の際《きわ》を上流側へ進むと谷に下り立ち、少し遡《さかのぼ》ったところに滝があった。規模は小さいが、引き締まった感じの滝である。この上に先ほどの雄滝があると思われることから、おそらく下から三番目の滝であろう。

少し引き返して尾根からの踏み跡をさらに下ると、やがて谷に降り立ち、そこにも滝があった。

二の滝で、先の三の滝よりは規模が大きい。落ち口から一本の流れがどっと落ちて、真ん中の大きな岩に当たり、左右に分かれながら怒濤《どとう》のように流れ落ちてくる。岩と水がお互いにつかみ合いながら、果てしない争いを繰り広げているようにも見える。

滝壺の左側の岩は激しく切り立ち、垂直どころか覆い被さるほどである。その下に居ると、何となく落ち着かない気分になってくる。振り向くと、そこにもう一つの滝の落ち口があった。ここは連続する滝の間の空間で、前からは豪快な滝が押し迫り、背後からも滝の轟音が響いてくる。何とも不思議な感覚である。自然のすさまじさの渦中に迷い込んだかのようで、その感覚に絶えられないような気がして、逃げるように来た道を引き返した。

再び登山道に戻り、少し下ったあたりで傾斜の比較的緩やかな場所を選びながら、木々の間を降りていくと谷へ出た。

そこは先ほどまでの急な渓流ではなく、落ちついた流れである。繁茂した木々をかき分けながら上流側をのぞくと、そこに滝があった。どうやらこの滝群の最も下にある雌滝と呼ばれている滝らしい。

この滝はまさに単純そのもの、アルファベットのIである。先ほどまでの滝とは対照的に温和な感じで、水は滑らかな岩肌をまっすぐ下に落ちている。

激しい様相の滝を見た後にこの滝を見ると、何かすとんと落ちた、そんな気がしてくる。いろいろあったが、落ちつくところに落ちついた、そんな感じの滝である。

この滝の近くの庵に住んだ僧月坡《がっぱ》も、そんな思いを抱いて滝を見たのだろうか。結局七つあるという滝のうち、四つしか見ることはできなかったが、それでもう十分だった。同時に現実に戻って、何かから解き放たれたような気分になった。

7 薬師の滝

薬師如来の信仰が生き続ける滝

［所在地／大津市八屋戸］

【アプローチ】 国道一六一号の蓬萊駅前信号から西に入り、舗装道を登っていくと駐車スペースがある。ここから登山道を一五分ほど登ると、薬師の滝に着く。なお、薬師の滝から小女郎峠までは、登山道を歩くこと約一時間半である。

薬師の滝は、比良山から琵琶湖に流れる八屋《はちや》戸《と》川上流の小女郎谷にある。小女郎谷を登り詰めて、比良山系の主稜線に出たところが小女郎峠で、峠から葛川側へ少し下りたところには、小女郎ヶ池という小さな池がある。

この池には悲しい伝説があり、昔、志賀町大物に平吉、お孝《こう》という若い夫婦が住んでいて、生まれたての赤ん坊がいたという。平吉は湖へ漁に、お孝は山菜採りや薪《たきぎ》集めに山へ入っていた。あるとき、お孝が山で薪を拾っていると、色白の若い男が峠へ向かって歩いているのを見た。毎日のように姿を現す若い男を不審に思ったお孝が男のあとをついていくと、男は峠の近くの池の中へ姿を消した。その後、お孝は何かに憑《つ》かれたように、皆が寝静まった頃に出かけていくので、平吉が後をついていくと、峠の池へ入っていこうとした。

隠れていた平吉が思わずお孝の名を呼ぶと、お孝は振り返り「赤ん坊が母を恋しがって泣いたら、これをしゃぶらせてください」と言いな

小女郎ヶ池

がら、自分の片目をえぐり取り、平吉の方に投げた。それは水晶のように美しい玉であった。その後、お孝が家に戻ることはなかった。

いつ頃からか、この池には大きな雄と片目の雌の二匹の大蛇が棲んでいると言われ、地元の人々は池の主に身を捧げたお孝を「お孝女郎」といい、この池を「お孝女郎の池」と呼んだが、のちに「小女郎ヶ池」になったという。

この民話は『近江むかし話』（滋賀県老人クラブ連合会・滋賀県社会福祉協議会共編）をはじめ、いろんな本や絵本でも紹介されており、それぞれ少しずつ違ったバリエーションがあるが、おおよその筋はこのようなものである。

また、この話の続きとして、ある大干ばつの年、池の水が涸れかかったので、雄の大蛇は「楊梅の滝」へすみかを移し、残された雌の大蛇はわが子がここを訪れることを信じて、石となってここに残った。今でも池のほとりに小女郎石と呼ばれる大きな石があるという。また、雌の大蛇が楊梅の滝の雌滝の主になったという説もある。

国道一六一号の蓬莱駅前の信号を西へ入り、すぐに右折して集落の中を上っていく。湖西道路の橋を渡り、杉林の中の曲がりくねった道を進むと、その先に駐車スペースがあり、そこが登山口になっている。

治山ダムを越えて、谷に沿って杉林の道を登っていくと、「薬師滝」の標識が現れる。左の谷へ入っていくとすぐに大きな岩があり、その横を通って谷へ下りると、小ぶりだが形の良い滝が現れる。

左側から右に向かって水が落ち、中央へ折り返して再び右方向に大きく広がりながら流れ落ちる。

黒々とした岩を流れ落ちる水が白く光り、水しぶきを浴びる岩肌には、ウワバミソウがびっしりと生えている。滝の周囲は自然林で、清冽《せいれつ》な滝の水と緑がすがすがしい。滝の上部からは涼風が吹き下ろし、汗がたちまち引いていく。

引き返す途中に、分岐の手前にある大きな岩に乗って、滝を眺めてみた。すると、上にはまだ何段かの滝があるらしく、今見たのは全体の下半分だけのようである。しかし眺める位置を変えても上部はよく見えず、結局、滝の全貌は捉えられない。

『志賀町むかし話』の「薬師如来さま」という話には、この滝の由来が書かれている。すなわち、元亀二年(一五七一)の織田信長による比叡山焼き討ちの際に、難を逃れてこの滝の岩窟《がんくつ》に置かれた最澄作と伝えられる仏像を村人が持ち帰ったという。お堂を建てて安置したが、

光明寺の薬師堂（左）。右は行者堂

五十年ほど後にお堂が焼失したため像を光明寺に預けた。その後、光明寺の隣にお堂が建てられて現在に至っている。

大津市八屋戸の集落の中の狭い道へ入ると、石段の上に山門があり、「浄土宗　光明寺」と書かれた白木の額が掲げられている。山門をくぐると正面に本堂があり、左に庫裏《くり》がある。本堂の右奥には広場があり、その先にイチョウの大木が四方に枝を広げ、その下に二棟のお堂がある。

庫裏でお願いすると、お堂を拝見することができた。二棟のお堂のうち左が薬師堂で、右側は行者堂とのことであった。

薬師堂に入ると中には小部屋があり、奥に薬師如来を納めた厨子《ずし》が安置されている。地元の人々が薬師講をつくり、この部屋で毎月十日に法要が行われている。薬師如来像は三十三年に一度だけ御開帳され、次回は平成二十五年（二〇一三）になるという。

『志賀町むかし話』によると、薬師像は楠《くすのき》で彫られ、煙でいぶしたように真っ黒で重く、眉間には光るものが入っているという。御開帳の法要には多くの人々がお参りに集まり、このお堂では狭すぎるので、薬師像は本堂へ移されるとのことである。

ところで小女郎ヶ池の雄の大蛇は、すぐ近くの薬師の滝へ行かずに、なぜ離れた楊梅の滝まで行ったのだろうか。もしかすると、光明寺の薬師如来像と関係があるのかもしれない。すなわち小女郎ヶ池の大蛇やお孝は、修羅とも言える世界に生きている。一方、光明寺の薬師如来は病苦を平癒し、衆生を救済する、いわば聖なる存在である。修羅の世界に生きる大蛇やお孝は、聖なるものの象徴としての薬師の滝を避けたのではないだろうか。

しかし一方で、薬師の滝と大蛇たちの間には、どこか深いところでつながるものがあるようにも思えてくる。いずれにしても、同じ一つの谷にある池と滝に、二つの異なるエピソードが伝えられていることが何とも不思議である。

8

蟻《あり》が滝

伝教大師と大蟻の伝説を残す比叡の滝

［所在地／大津市坂本本町］

【アプローチ】 日吉大社入口の鳥居から石積みに沿って南に進み、権現橋の手前を西へ入る。坂本ケーブル乗り場の手前から舗装道を進むと、比叡山高校のグランドがあり、ここが登山口になる。尾根道を進むと蟻が滝へ下りる道があり、標識も立っている。日吉大社から蟻が滝までは約一時間。

比叡山は標高約八百メートル（最高峰は大比叡で、標高八四八・三）の山であり、大規模な滝や名の知れた滝はあまり聞かないが、小規模な滝はいくつかあり、蟻が滝もその一つである。

日吉大社の鳥居前から石積みに沿って南へ進み、権現《ごんげん》橋の手前を右折する。坂本ケーブル乗り場の手前で橋を渡り、舗装された坂道を登っていくと、比叡山高校のグランドに出る。野球部の部室とグランドのフェンスの狭いすき間を進むと登山口の標識があり、ここを入る。

入口には笹が茂っているが、中へ入るとしっかりした登山道で、標識も数多く設置されている。檜《ひのき》の尾根道を登っていくと、やがて右側の谷へ降りる道が分かれている。「蓬莱峡」の標識があり、寄り道になるが行ってみる。

急な坂道を下りていくと谷に下り立ち、そこから先は谷の中を進んでいく。進むにつれて花崗岩の風化した岩壁に両側をふさがれ、圧迫感を覚える。廊下状になって両側はますます高くなり、あたりは薄暗くなってくる。

やがて奥に小さな滝が現れた。チョックストーン滝（谷の間に岩石がはさまって形成された滝）で、上に載った大石の間から水がほとばしり落ちている。

蓬莱峡から分岐まで戻り、再び檜の尾根道を登っていく。しばらく行くと同じような分岐が現れ、「蟻が滝」の標識に従って坂を下っていく。谷の向こう側には、坂本ケーブルの橋脚が見えている。杉やモミの大木がそびえ立ち、あたりが神域であることを示している。谷へ下りると、そこに案内板があった。

蓬莱峡のチョックストーン滝

その昔、伝教大師最澄が新しい仏教を開くため、比叡山へ登る途中、この滝まで来ると、一匹の大蛇が滝壺から頭をもたげ、今にも大師を一呑みせんばかりの様子であった。
大師は「お前の正体は大蛇ではないだろう。人々に危害を加えてはならぬ。里人達のためにこの豊かな水を絶やさぬよう守りなさい」と諭された。
じっと聞いていた大蛇は一匹の大蟻に変身し、滝壺に姿を消した。
以来、滝の水は今も涸れることなく滔々《とうとう》と流れ、里人達を潤していると言われる。

案内板の背後からは激しい水音が聞こえてくる。ふり返ると、そこに蟻が滝があった。

　左上に大きな丸い岩があり、その向こう側から横向きに水が滑り落ちてきて、少しずつ広がりながら滝壺まで落ちていく。中段と下段に少し出っ張りがあるらしく、そこで白い水が跳ねている。大蟻が姿を消したという滝壺は小さく、砂がたまっている。

　比叡山の滝は小さなものばかりだと思っていたが、なかなか立派な滝である。それなりに落差もあり、全体に引き締まった感じのオーソドックスな滝である。

　滝の周囲の谷や斜面にはうっそうと木が茂っているが、滝のところだけはぽっかりと空いて、明るい雰囲気がする。

　滝の基盤は花崗岩で、水に濡れたところは黒っぽく変色しているが、ただ黒いのではなく、全体に赤黒い印象がある。ムネアカオオアリという蟻がいて、頭や腹は黒いが胸の所だけが赤い。山でよく見かけるが、この滝の赤黒い岩がムネアカオオアリを連想させる。もしかすると、伝教大師に諭された大蟻もムネアカオオアリで、滝壺に潜った後にこの滝の岩の色が赤色に変わったのかもしれない。

　おそらく古い時代からこの滝には雨乞信仰があったのであろうが、雨乞伝説に伝教大師が絡んでいるところが、いかにも比叡山の滝らしい気がする。

9 大石の大滝

滝壺から力持ちのおじいさんが運んだ地蔵

［所在地／大津市大石東町］

【アプローチ】大石の大滝は、鹿跳橋から国道四二二号を信楽方面へ約二・五キロメートルの道路の横にある。駐車スペースから対岸へ渡って滝の正面へ回るルートは、危険な箇所が多く注意が必要である。

『近江輿地志略《おうみよちしりゃく》』の巻之四十八　栗太郡第十に「大瀧」があり、これによると「同村（注　大石東村）に在り、高二丈四尺、源は富川の山間より流れ出て大瀧となり湖水に入る」とある。

　瀬田川に架かる鹿跳《ししとび》橋を渡って国道四二二号を信楽方面に向かい、桜谷パークタウンを右に見ながら、信楽川を渡ってカーブを曲がると農村風景に変わる。ここを越えると両側には急峻な山が迫り、左へ大きくカーブした先に駐車スペースがある。

　ここから国道のガードレール沿いに来た方向へ戻りながら滝を探す。大きなカーブのところまで戻ると、谷から大きな水音が聞こえてくるが、木々に隠れて見えにくい。木々の切れ目を探すと、ようやく滝が見えた。

　急な岩肌の間に泡沫《ほうまつ》が白く輝いているが、木の枝や蔓《つる》などに隠れて、見えているのは滝の一部である。足元は断崖で、あたりを探してみたが、どこにも下りられそうな場所は見あたらない。

駐車スペースまで戻って川へ近づくと壊れかけた堰堤《えんてい》があり、上流側の水の流れはやや緩やかである。膝上まであるゴム長靴に履き替えて渡ると意外に深く、緩やかに見えた水の抵抗もかなり強い。

対岸へ渡り、雑木林の中へ入る。道のない急斜面で、しかも滝の周辺は断崖になって危険なため、かなり大回りすると、ようやく滝を正面から見られる場所が見つかった。

信楽川の本流として広大な集水域を有するだけに、水量は豊富で大滝の名にふさわしい。上流側に小さな段があり、どっと落ちた水が中央の大きな岩で割れて、二つの流れに分かれている。左側の流れが大きく、水量の八割ぐらいを占めている。水は岩に砕けながら陽の光に白く輝き、豪快に下の滝壺へ落ちる。滝壺はかなり広そうだが、近づけないので様子がわからない。

滝壺の周囲には断崖が取り囲み、上流から回り込んだ細い流れが幾本も流れ落ちている。

大戸川ダム工事事務所のホームページは、この滝を「八淵の滝」として紹介している。また、この滝は「白糸の滝」ともいい、『近江栗太《くりた》郡誌』には「飛泉白糸を繰るが如し」と記載されている。ぐるりと囲んだ岩壁から、細い流れが幾条も落ちる様子が白糸のように見えるからだろう。

それにしても、車がしきりに走る国道のすぐ横に、これほど立派で豪快な滝があることは意外に知られていない。

滝を見終えて駐車スペースから鹿跳橋方向へ戻ると「倉骨」のバス停があり、その横にお堂が立っている。地元の方に話を聞くと、昔、付近の力持ちのおじいさんが滝壺から運んできた地蔵が納めてあるという。

お堂を見せていただくことになり、畳の部屋に入ると正面に祭壇がこしらえてあり、仏具などが置いてある。「南無地蔵大菩薩」と書かれた紅白の提灯《ちょうちん》がたくさん吊り下げられ、祭壇の幕のような布の奥に地蔵が安置してあった。

顔はすり減ってよくわからないが、丸い顔の横に大きな耳の形が残っており、地蔵の前掛けをめくると体全体が現れた。左手が「く」の字に曲げられて胸の前にあり、何かを持っているようにも見える。石像全体の高さは一メートル以上あり、厚みも相当あるので、いくら力持ちのおじいさんでも一人で持つのは難しそうである。

地元の一二軒で講を結成しているとのことで、お堂の中やまわりはきれいに掃除され、また祭壇には樒《しきみ》が生けられ、地元の人々が大事にされている様子がうかがえる。

倉骨の地蔵堂

お堂をあとにして信楽方面に向かう。「富川《とみかわ》磨崖仏《まがいぶつ》」の案内があり、左折して川を渡ると駐車場がある。しばらく階段を登り、息が切れてきた頃、山の中腹に磨崖仏が現れた。
垂直に切り立った平らな岩には、正面に阿弥陀如来坐像が、両脇に菩薩立像が彫り込まれている。左下のやや目立たない場所には不動明王の姿も見られる。
説明板によると、付近は岩屋不動院明王寺跡で、明王寺は霊亀《れいき》元年（七一五）に義淵《ぎえん》によって開かれたと伝えられている。最初の本尊は石造

富川磨崖仏

の釈迦如来であったが、現在の磨崖仏は阿弥陀仏である。

中央の阿弥陀如来の右耳あたりの岩の色が赤く変色し、下方へ広がっていることから、俗に「耳だれ不動」と呼ばれ、耳の病気に霊験《れいげん》があるとして信仰されている。

湖南アルプス一帯は、金勝寺《こんしょうじ》や太神《たなかみ》山不動寺をはじめとして、山岳仏教の盛んな地域であり、いたるところに寺院跡や磨崖仏などが残されている。

帰り道、石段の脇には地蔵が何体も安置されていた。よく見ると、それは先ほど倉骨のお堂で見た大滝の地蔵にどこか似ている気がした。ここから大滝まではそれほど遠い距離ではない。このあたりの地蔵のうちの一つが、何かのきっかけで信楽川に落ちて大滝まで流れ、滝壺にとどまったところを大石東村の力持ちのおじいさんに拾われた、そんな想像が頭の中を巡った。

勝手な想像ではあるが、仮にそうだとすれば、雨ざらしで体にコケのついた耳だれ不動の地蔵と、滝壺で拾われて立派なお堂まで作ってもらい、地元の人々から大事にされている大滝の地蔵と、それぞれの運命の不思議さを思った。

10

大戸《だいど》の滝

不動明王が見守る大戸川本流の滝

［所在地／大津市上田上桐生町・大津市上田上牧町］

【アプローチ】 大津市上田上大鳥居町の交差点から大津市上田上牧町方面へ約二・八キロメートル下ると、右側に駐車スペースと祠がある。大戸の滝は駐車スペースから県道を渡り、ガードレールの下にある。

大津市上田上《かみたなかみ》大鳥居《おおどりい》町と上田上牧《まき》町の間の大戸川沿いに駐車スペースと小さな祠《ほこら》があり、祠の前にはモミの大木が守り神のように立っている。

祠の中を覗くと、不動明王の立像が安置してある。スリムな不動明王で、しかも端正な印象があり、よくあるような怒り狂った不動明王ではない。どことなく上品な感じさえして、不動明王らしくないとも言える。

祠は背後の岩に密着するように建てられ、不動明王と背後の岩とが一体になっている。道路の下にある大戸の滝とも深い関わりがあり、大

不動明王像

不動明王像が安置されている祠

戸の滝は別名、不動の滝とも呼ばれている。

道路の向こうの斜面を下りると、広い岩のテーブルに出る。岩のテーブルは川の中央に張り出しており、絶好の滝見台になっている。谷の両岸は隆々とした岩に囲まれ、その間を急流が流れていく。

大戸の滝は落差こそ小さく、滝というよりも淵に近い。しかし、さすがに大戸川の本流だけあって、大量の水が流れ落ちる姿は圧巻である。しかし、この滝の本当のすごさは、水よりもむしろ岩にあるといえるだろう。滝の周囲の灰黒色の岩にはノミで削ったような跡があり、まるで竜の背中のようにごつごつしている。滝の上方には巨大な岩がごろごろと転がっており、その上流には大きな石積みの砂防ダムが壁のように立っている。滝の下方の左岸側は切り立った岩壁で、寄りつくこともできない。岩のテーブル自体も巨大な岩のかたまりで、まさに岩また岩の世界である。そんな岩壁の割れ目から、ダイモンジソウの繊細な白い花が咲いているのが印象的である。

大戸川周辺の山々は、かつては奈良の都の神社仏閣を建設するために良材が運び出され、また陶芸用の燃料採取や戦火などによって森林が荒廃した。山はすべてはげ山になり、土砂災害や洪水が頻発した。水源を涵養《かんよう》する機能が低下し、川の水量の増減の幅が大きくなって、洪水とともに干魃《かんばつ》なども起こったようである。

大戸の滝は、不動の滝の別名が示すように、雨乞や止雨などの信仰の対象となり、地元の人々の農事や暮らしと深く関わってきたに違いない。

周囲は開発とともに急激に俗化し、風景も変貌していく中で、人々は滝の横をただ素通りするだけである。今、あの端正な不動明王は、いったいどのような思いでこの滝を眺めているのだろうか。

11

落が滝

花崗岩の壁がつくり出した西洋的な光景

［所在地／大津市上田上桐生町］

【アプローチ】大津市上田上桐生町の集落から草津川の堤防の道を遡《さかのぼ》ると、間もなく一丈野国有林の駐車場に着く。駐車場の奥から北谷林道を少し行くと、右側に登山道が分かれており、谷に沿って登っていく。途中で遊歩道が横切っているが、そのまままっすぐ登っていくと、落が滝への分岐が現れる。分岐から滝までは数分である。駐車場から落が滝までの所要時間は約四〇分。

湖南アルプスの北部には、鶏冠山（四九〇・九）や竜王山（六〇四・七）などの山があり、花崗岩独特の山容から登山者に人気の高い地域である。同時にこのあたりは、古くから山岳仏教の盛んな地域で、金勝寺《こんしょうじ》、狛坂磨崖仏《こまさかまがいぶつ》、さかさ観音など仏教文化の名残が数多く残っている。

大津市上田上桐生町の集落から草津川の堤防の道を奥まで進むと、やがて車止めのゲートがあり、左に入ると駐車場がある。このあたりは近畿中国森林管理局滋賀森林管理署が管理する一丈《いちじょう》野《や》国有林の森林公園になっており、キャンプ場や遊歩道が整備されている。

付近の山は、奈良時代から神社仏閣の建立に用いる木材を調達するために乱伐され、森林が荒廃して土砂の流出や河川の氾濫を繰り返してきた。草津川が天井川になったのも、このあた

オランダ堰堤

りの山から流出した土砂が氾濫するたびに積み上げられてきたことによるものである。

このため、明治五年(一八七二)に政府はオランダからヨハネス・デ・レーケなどの技術者を呼び寄せ、その指導のもとに営々と砂防工事を行ってきた。復旧の努力は現在も続けられ、ようやく緑が戻ってきたものの、いまだに風化した花崗岩の白い地肌が見えているところもある。草津川の上流には、デ・レーケの指導により田辺儀三郎技師が設計した「オランダ堰堤《えんてい》」が今も健在である。

駐車場から北谷林道を五分ほど歩くと、右へ分かれる道があり、そこを入ると奥池へ出る。奥池から一五分ほど歩くと、立派な遊歩道に突き当たる。オランダ堰堤の方から回ってきた遊歩道で、「たまみずきの道」と呼ばれている。登山道は、遊歩道を横切ってさらに奥へと続いている。周囲はコナラ、リョウブ、コバノミツバツツジなど、花崗岩の痩せ地に特有の樹木が多い。林床には腰ぐらいの深さまでシダの一種であるウラジロがびっしりと生えている。谷には水がほとばしり、登山道は何度か川を渡って変化がある。

汗が出てきた頃、滝への分岐点が現れる。まっすぐ進むと鶏冠山、右へ曲がると落が滝である。分岐から五分ほど歩くと、やがて木々の間から異様な姿の壁が現れる。

落が滝は大きな花崗岩の壁で、ほかの滝とはかなり雰囲気が違う。通常、滝といえば黒々とした岩に白い水が流れ落ち、周囲は緑濃い森林に包まれている。いわば日本的、水墨画的な風景であり、しかも不動明王が祀ってあったり、滝修行の場であったりと宗教的な雰囲気が濃厚な滝も多い。しかし、この滝はそれらとは異なり、どこか西洋的な雰囲気がして、しかも宗教的なにおいがしない。

垂直に切り立った花崗岩の壁は、水に洗われたところは黒っぽく、湿ったところは黄土色、乾いたところはグレーである。三色を塗り分けたような岩の壁はまるで抽象画のようでもあり、マントヒヒの顔のようにも見える。

両肩をいからせたような岩の形は、まるでアニメの機動戦士のようにも見える。その中央の首にあたるところから飛び出した水は、岩の大きさとはアンバランスなほど少量で、まるで小便小僧の噴水のように落ちていく。

抽象画のような岩壁といい、水と岩とのアンバランスといい、まるで滝そのものが前衛芸術のようにも見える。それが日本的ではない、また宗教的なにおいのしない原因らしい。しかも花崗岩の痩せ地に生える樹木には背丈が低いものが多いため、滝の周りは開放的で明るい感じがする。

　滝に近づいてみると、下の方が段になっており、その上へ登ることができる。見上げると、壁の上から落ちてくる水は、風にあおられると力弱く右に左に揺れ、その飛沫が風に乗ってふりかかってくる。岩に腰掛けて、滝を見上げながら風に吹かれていると、自然が作りあげた岩の造形の不思議さをあらためて実感させられる。

　ところで、この造形はすべて自然が作り出したものだろうか。最初に触れたように、このあたりはもともと檜《ひのき》の大木が生える緑深い場所であったが、乱伐に風化しやすい花崗岩地帯という条件も重なって森林が荒廃した。

　この滝や周囲の岩の不思議な造形は、自然が純粋に作り出したものというよりも、乱伐や戦火などの人為が発端となり、そこに風化や表土の流出など、自然の作用が加わってできたものである。しかも水量が少ないのは、周囲の植生が貧弱で保水能力が低いことにも原因があるのかもしれない。つまり、人間の行為の取り返しのつかない代償の一つの表れが、この滝の異様な表情であるとも言える。

　単純に滝の表情やおもしろさに惹《ひ》かれて観賞していたが、その裏にある背景を考えてみると、この滝に最初に感じた異様さの理由がわかるような気がした。

湖南・甲賀地域

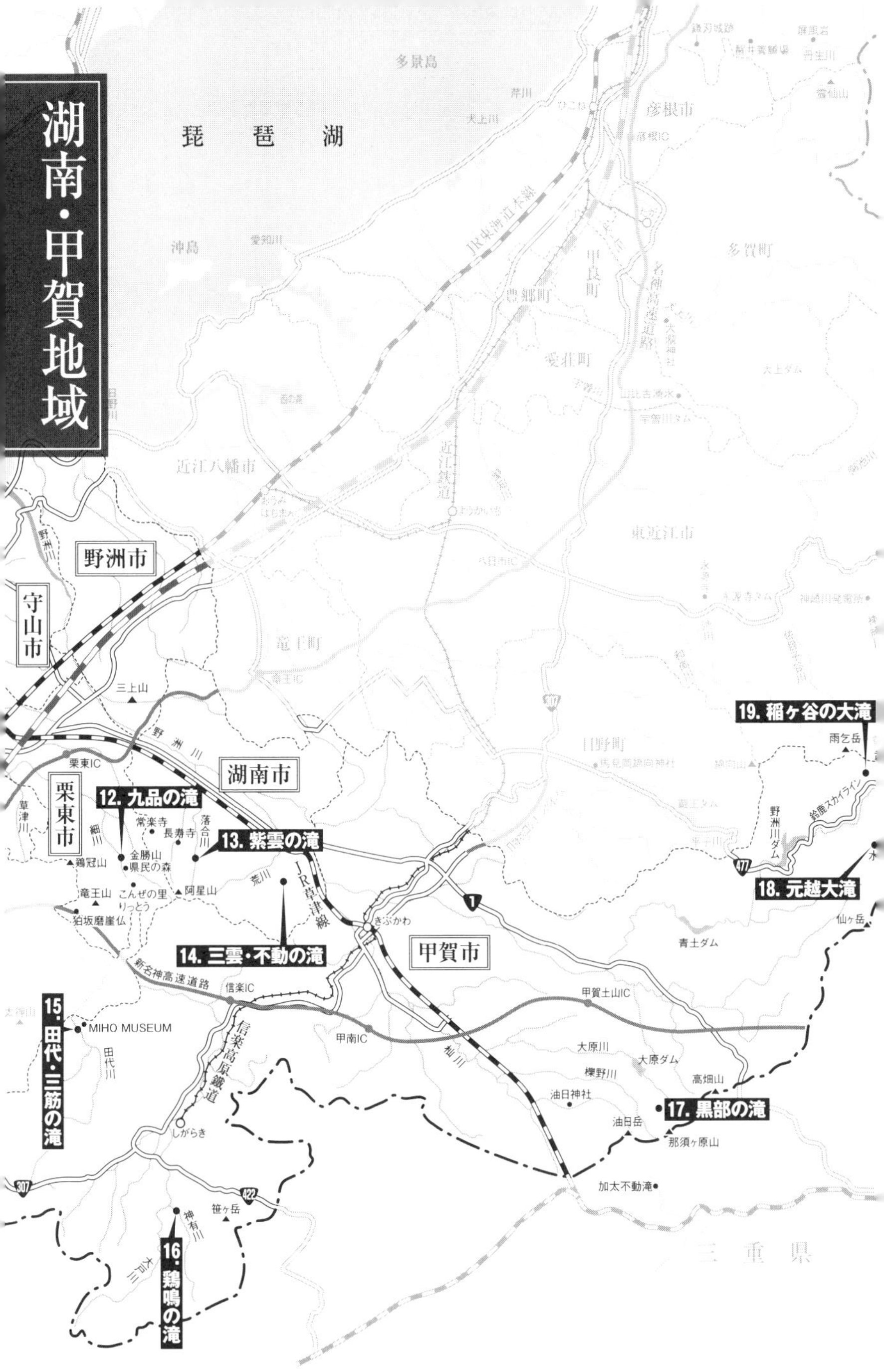

琵琶湖
多景島
沖島
彦根市
多賀町
豊郷町
甲良町
愛荘町
近江八幡市
東近江市
竜王町
日野町
野洲市
守山市
栗東市
湖南市
甲賀市
三重県
JR東海道本線
JR草津線
近江鉄道
名神高速道路
新名神高速道路
信楽高原鐵道
鈴鹿スカイライン
栗東IC
信楽IC
甲南IC
甲賀土山IC
12. 九品の滝
13. 紫雲の滝
14. 三雲・不動の滝
15. 田代・三筋の滝
16. 鶏鳴の滝
17. 黒部の滝
18. 元越大滝
19. 稲ヶ谷の大滝
三上山
金勝山
県民の森
常楽寺
長寿寺
阿星山
鶏冠山
竜王山
こんぜの里
りっとう
狛坂磨崖仏
野洲川
落合川
荒川
細川
草津川
杣川
田代川
神有川
大戸川
大原川
櫟野川
大原ダム
青土ダム
野洲川ダム
高畑山
油日神社
油日岳
那須ヶ原山
加太不動滝
笹ヶ岳
仙ヶ岳
雨乞岳
きぶかわ
しがらき
MIHO MUSEUM

12

九品《くぼん》の滝

［所在地／栗東市井上］

さまざまな往生の姿を映す伝説の滝

【アプローチ】 栗東市の市街地から大津市上田上大鳥居町に向かって県道を走り、山入の交差点より少し先を西へ入って約一・三キロメートル行くと、九品の滝の入口（駐車場）がある。駐車場から滝までは徒歩約一〇分。

栗東市井上の九品の滝は、別名を井上の滝とも呼び、滝の入口には立派な石碑が建てられている。石碑には稲葉実滋賀県知事の筆による「九品の滝」の文字が彫り込まれ、その横の四角い石板には「九品の滝のいわれ」として、

浄土教典、観無量寿経に九品浄土の説がある。江戸時代前期に島津公ゆかりの尼僧がこの地に隠棲し、いく度もこの滝を訪れて詠んだ歌が伝えられている。

井上の滝の響きはさながらに　九品浄土の
楽とこそ聴け

上滝、中滝、門滝と三段に飛沫を上げる様子は、まさに九品浄土の荘厳を表す。この伝承をもとに九品の滝と称されている。

と書かれている。

舗装された遊歩道を歩いていくと、左側は竹やぶが風に揺れており、そこを過ぎると杉や檜《ひのき》の林になる。奥からサーッという軽やかな谷音

九品の滝の入口に立つ石碑

が聞こえてくるが、まだ滝は見えない。道は左へ大きくカーブし、曲がったあたりからようやく滝が姿を現す。

説明板には滝は三段とあったが、実際には四段にも五段にも見える。一番上の大きな滝と一番下の滝ははっきりしているが、中断の滝はいくつもの段に分かれて不明瞭である。

上段の滝は、これだけでも一つの立派な滝で、右奥から斜めに滑り落ちた水が末広がりになって落ち込む。そこで滝壺に集められた水が大きく左右に分かれながら、再び末広がりに落ちて、やや広い滝壺に落ちている。おそらくここまでが上滝なのだろう。

そこから水はいくつかに分かれたり、一つにまとまったりしながら流れ落ちていく。滝というより淵の連続で、これがおそらく中滝らしい。

そこから川幅が広くなって、最後は五つぐら

最も下流にある門滝

いに分かれた水がほぼ垂直に一気に落ちるのが門滝である。下滝ではなく門滝というのは、落ちる水の様子が門のようであり、また来客を迎える位置にあるからだろう。

門滝から谷に沿って手すりのついた階段が続き、そこを登りながら滝が観賞できる。

滝は花崗岩でできており、水に濡れたところは黒く変色し、湿った場所には緑のコケやシダが生えている。一つひとつの滝は小さいが、全体として見るとかなりの規模になり、しかも調和が取れている。

滝の周囲は、コナラ、カシ、ヤブツバキ、リョウブ、アオキ、ヒサカキなどの自然林になっている。また、シジュウカラやキセキレイが現れたり、コゲラの鳴き声が聞こえたりして、都市近郊とは思えないほど自然が豊かである。

滝の音は軽やかで、古楽器の演奏を聞いているようである。「九品の滝のいわれ」にもあったように、島津公ゆかりの尼僧《にそう》には、極楽浄土の音楽のように聞こえたらしい。

ホームページの観光情報にも九品の滝が掲載されており、いずれも「九品の滝の響きは、さながら極楽浄土の美しい音楽を聞くようである」といった解釈をしている。

また、栗東歴史民俗博物館のホームページでは、

滝は大きく三段に分かれ、それぞれが三脈に分かれています。滝の九脈と、浄土往生の九種の段階を示す仏教用語「九品」とをかけて、この滝は「九品の滝」と呼ばれています。


と紹介している。

九品浄土とは、生前のさまざまな行為による九種類の往生の姿のことで、仏説観無量寿経に説かれている。すなわち、上品上生とは常に大乗の経を読誦《どくじゅ》するもの、上品中生とは大乗を理解し、信ずるもの、上品下生とは大乗を誹謗《ひぼう》しないものである。中品上生とは常に戒律を守るもの、中品中生とは一日でも戒律を守るもの、中品下生とは父母に孝行し、世間に慈しみを行うものである。また、下品上生とは経を誹謗しないが、悪事を行うもの、下品中生とは戒律をすべて破り悪事をなすもの、下品下生とは常に大悪事をなすものであり、以上の九種類を九品という。

そして上品上生のものは、すぐに阿弥陀如来の前に往けるが、上品中生以下のものは、極楽の蓮の蕾《つぼみ》の中に生まれ、その花の開くまでの時期に長短があって、下品下生になると、ほとんど永遠とも言えるほど長い間が経たないと蕾

は開かない。

そこでもう一度、薩摩の尼僧の歌を詠んでみると、最初とは少し感じが変わってくる。つまり、この歌の中にある九品浄土とは、人間のさまざまな往生の姿のことであって、極楽浄土そのものを指すのではない。とすれば、九品の滝の音を「極楽浄土の美しい音楽を聴くようである」と解釈するのは、あまりに単純すぎはしないだろうか。

九品の滝の流れは、栗東歴史民俗博物館のホームページによれば、三段三脈の九種類あるということである。その中には、大きな落差もあれば小さな落差もあり、太い流れもあれば細流もある。また瀬もあれば淵もあり、一つの滝の中にさまざまな姿がある。薩摩の尼僧は、そこに世の中の人々の様々な姿や、その往生の形とを重ね合わせて、滝の音色を聞いたのではないだろうか。

しかも単に美しい音楽として滝の音を聞いたのではなく、修業する身として、より高い往生の姿を求め、自戒の念も込めて聴いたのではないだろうか。「聞け」ではなく、「聴け」の字を使っていることが、それを暗示しているような気がする。

そんなことを思いながら中滝を見つめていると、そこに何か違和感のあるものを見つけた。最初はゴミかと思ったが、よく見ると、それは土の入った肥料袋で、そこでせき止めた水を谷の向こうの水路に引いている。つまり、中滝は農業用水の取水口にもなっていたのだ。

九品の滝は、薩摩の尼僧の「いわれ」を守り続ける伝説の滝であるばかりでなく、現在も地域の人々の生産の源として、現役であり続けている。

13

紫雲の滝

厳粛な空気に包まれた長寿寺起源の滝

［所在地／湖南市東寺］

【アプローチ】長寿寺の山門前から阿星林道に入り、途中で左へ入ってしばらく登っていくと、紫雲の滝に着く。長寿寺から紫雲の滝まで約一・四キロメートル。

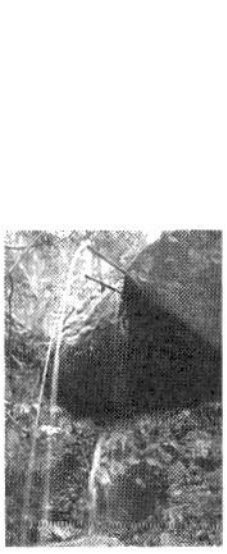

阿星《あぼし》山（六九三・一）は、湖南アルプスでは最も標高の高い山で、湖南市の野洲川畔あたりから望むと、比較的明瞭なピークを判別することができる。このあたりは仏教文化の盛んな地域で、麓には通称東寺と呼ばれる長寿寺と、西寺と呼ばれる常楽寺の二つの寺院があり、いずれもその本堂が国宝に指定されている。

阿星山の麓、長寿寺の近くには紫雲の滝がある。『甲賀郡志』の「阿星山」には「山中に一條の飛泉あり。紫雲瀧又は不動瀧と称す。高十五尺。清冽夏猶寒し」として登場する。『近江 山の文化史』（木村至宏、サンライズ出版）は、長寿寺と紫雲の滝との関わりについて詳しい。すなわち、聖武天皇には皇子ができなかったので、良弁《ろうべん》という僧に依頼した。良弁は阿星山の山中にある滝に籠もり、皇子誕生のための祈願を行ったところ、後に孝謙天皇となる皇子が誕生したが、その霊験《れいげん》の証として滝から美しい紫の煙が立ち上ったという。このため、この滝を、「紫雲の滝」と名づけた。これを記

長寿寺本堂

念して麓に長寿寺を建立し、子安地蔵菩薩を僧の行基《ぎょうき》に彫らせて本尊にしたとのことである。
長寿寺の山門を右に見ながら、突き当たりを左へ曲がると、林道が山の中へ続いている。しばらく行くと分岐があり、左折すると林道の左側に谷が現れる。谷に沿って登っていくと、前方に杉の大木が数本そびえ立っている。
谷へ下りると、奥にお堂のようなものがあった。近づいて見上げると、大きな岩にお堂の建物が密着するように建っている。お堂の扉には「警告　此処は国宝長寿寺奥院にして不動尊をお祀りする聖域につき、これらを汚す一切の行為は禁止する」と書かれた板が取り付けてある。
扉を開けさせてもらい、中を覗くと岩に像が二つ彫られている。『近江　山の文化史』によれば、巨岩に彫られた磨崖仏は不動明王と地蔵菩薩である。いずれも目鼻がすり減ってほとんど

紫雲の滝のお堂

わからないが、よく見ると、向かって左の像の背後に炎のような形が見え、不動明王であることがわかる。

お堂の横の柱にはほうきが掛けてあり、周囲はきれいに掃除がされている。お堂の中も花や蠟燭《ろうそく》とともに果物なども供えられ、長寿寺の奥の院として地元の人々に守られていることがわかる。

扉を丁寧に閉めて奥へ進むと、その先に紫雲の滝があった。滝の上部は巨大な岩で、その岩がお堂の岩とつながっている。落ち口からは竹の樋が二本突き出し、そこから水がバチバチと音を立てながら落ちている。

よく見ると、滝は上部と下部に分かれており、大地と一体化した下部の黒々とした岩の上に大きな岩が載っている。いわゆるチョックストーン滝（谷に岩石がはさまって形成された滝）である。

不動明王と地蔵菩薩

下部と上部の境には一つの断絶があり、そこは暗い闇に包まれている。上部の岩の間から落ちた水は、下部で砕け散り、岩を黒々と濡らしている。

滝壺と言えるものはほとんどなく、そこに立って滝に打たれる行場である。行者の背中を打つのは水であるが、その水は上部の岩が落としている。それはまるで岩が修行者に水を打ちつけているようにも見える。しかもその岩はお堂の中の岩に彫られた不動明王とつながっており、不動明王が岩を通して修行者を鍛えているとも解釈できる。

そう考えると、お堂の中の岩に彫られた不動明王や、それと一続きになった岩と滝が、全体として修行ために巧みに仕組まれたもののようにも思える。

帰り際、お堂の柱に掛けてあったほうきを使わせてもらい、滝の観察と撮影で乱れた周囲の土を掃除してから立ち去った。紫の煙は現れなかったが、それに近いような厳粛な空気がこの滝の周りには満ちている。

14

三雲《みくも》・不動の滝

人々の願いを受け止める清冽な流れ

［所在地／湖南市三雲］

【アプローチ】湖南市三雲から甲賀市信楽町へ抜ける県道に入り、県道三雲の交差点から約〇・七キロメートルのところに「不動之瀧」の石柱が建っている。石柱から杉林の中の小径を二、三分で不動の滝に着く。

規模が大きく景観にも優れた滝は観光地化され、その所在も明らかである。また鈴鹿や比良などのように、登山の対象エリアにある滝の多くは、登山地図に明記されている。しかし、地域の人々にひっそりと守られてきたような滝は、地元の人々以外にはその所在が知られていないものも多い。

湖南市三雲から甲賀市信楽町へ峠越えで抜ける県道に入り、坂道を少し登った右側に石柱が立っている。「不動之瀧」の文字が彫り込まれ

「不動之瀧」の石柱

た石柱は、この小さな谷にある滝には似つかわしくないほど立派なものである。滝参りの講があるらしく、石柱に講元の名前が彫り込まれている。

中へ入ると、杉や檜の薄暗い林の中に道がつけられている。道の両側にはのぼり旗が何本も立てられ、旗には太マジックで「心願成就　大日大聖不動明王」とあって、祈願する人の名前や年齢が書かれている。

川の手前で直角に右に折れ、小屋の横を「く」の字に曲がって谷へ下りていく。谷側には周辺の雑木を利用した手製の手すりがこしらえてある。

谷へ下りると木製の滝見台があり、その向こう側に小さな祠がある。中を覗くと、小さな不動明王像が置かれていた。赤黒い不動明王は憤《ふん》怒《ぬ》の形相で、右手に金属製の剣を持っている。右足はあぐらのように組み、左足は一歩踏み出すような立て膝の、いわゆる半跏踏下《はんかふみさげ》の像である。像の両脇には御神酒とまだ新しい花が供えられている。祠の横にはほうきが立てかけられ、雑巾が干してあって、地元の人々が世話をしに訪れているらしい。

不動明王の祠

滝に近づいてみると、やはり谷そのものが小さいため、滝も小ぶりである。この滝もチョックストーン滝で、左右の大きな岩にはさまれて、中央にテーブル状の平らな黒い岩が載っている。水はこのテーブル岩の上からしたたり落ちているが、よく見ると、テーブルから少し距離をおいて、奥にもう一段の滝がある。

滝の落下点に立てば、すぐにでも滝修行ができるように作られているが、水はいかにも冷たそうである。

両側の切り立った岩は、滝に近づくにつれて少しずつ高くなり、滝の中心部を岩がぐるりと取り囲んでいる。岩の上部から杉や檜の枝が覆い被さり、あたりは昼もなお薄暗い。

清冽《せいれつ》な水が黒々とした滝壺に吸い込まれていくのを見ていると、厳粛な気分になってくる。滝の規模は小さいが、このエリア全体が他とは違う一つの宗教的な領域になっている。その領域を地元の人々が大切に保護してきたことを、祠の中の花、手製の手すり、あるいはきれいに清掃された祠などが物語っている。

地元の人々や信者の健康や安全に対する願いがこの小さな滝に込められ、今日もそれを受け止めるかのように、黒い滝壺へ水を落とし続けている。

15

田《た》代《しろ》・三《み》筋《すじ》の滝

悠久の流れが作り上げた造形の存在感

［所在地／甲賀市信楽町田代］

【アプローチ】 大津市上田上大鳥居町から甲賀市信楽町田代方面へ進み、神慈秀明会のゲートを過ぎて少し進むと、「三筋の滝」の標識がある。大鳥居交差点から三筋の滝まで約三・八キロメートル。

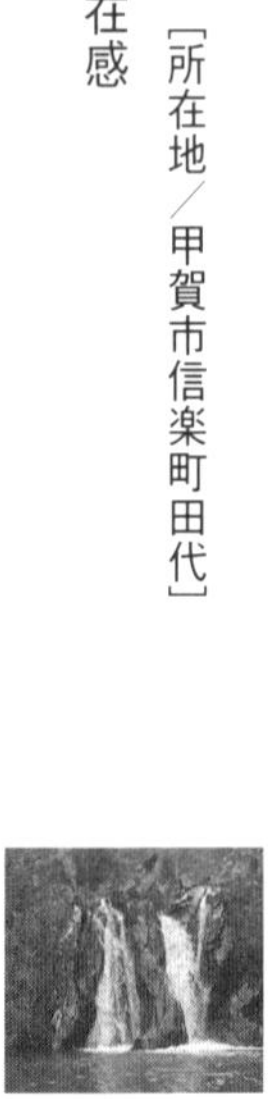

大津市上田上大鳥居町から甲賀市信楽町田代方面へ向かうと、県道の右側に「三筋の滝」の標識がある。このあたりは湖南アルプスの中心部にあたり、東海自然歩道が瀬田から太神山を通って三筋の滝へ通じている。周囲はアカマツやコナラなどの美しい自然林で、三上・田上・信楽県立自然公園の指定区域でもある。

三筋の滝の標識

滝へ下りる道を探りながら県道脇を歩いていくと、東海自然歩道の大きな案内板があり、滝の周辺にはベンチやトイレも整備されている。しかし、肝心の滝についての説明や案内は見あたらない。

大きな水の音が聞こえるので、滝がすぐ下にあるのはわかっているが、木々に隠れてその姿は見えない。川に沿って少し下ると、尾根状に張り出したところがあり、ここが唯一の滝見ポイントらしい。しかし、ここも木々が視界の一部を遮るので、できるだけ滝に近づきたい誘惑に駆られるが、下は急な崖になっている。できるだけ視界を確保しようと体の位置を動かすと、何とか滝の全容を捉えることができた。

田代川は大戸川の支流ではあるが、流域面積が広いために水量は豊富であり、滝は大量の水を吐き出して迫力がある。しかし、水の色は少し濁っており、岩には水コケが生えている。

滝はそれ自体が大きな壁で、まるで池のようにたっぷりと水を湛える滝壺に三本の流れが落ち込む風景は雄大である。白っぽいはずの花崗岩が黒く変色し、それが滝を一層力強く見せている。絶え間のない水や土砂の流れによって岩はそがれ、岩肌は磨かれ、そうして作り上げられた造形物が何とも言えない存在感を示している。

岩壁の表面は三列に大きく窪み、その岩の窪みを白い水が容赦のない勢いで流れ込む。しかし、それに負けまいと、岩の方も水をしっかり跳ね返している。

県道のすぐ脇にこれほどの滝があるにも関わらず、車はただ通り過ぎるだけで、駐めて見る人もほとんどない。ハイキングコースも滝の直上を通るだけで、この滝見ポイントに気づかずに通り過ぎてしまうようだ。

せっかくの観光資源が活かされていないことが少し残念な気もするが、雄大な滝を独占する満足感が味わえる。そんな少し後ろめたさの混じった満足感にひたりながら、一人滝見台に立って三筋の滝を眺めていると、時の経過を忘れてしまいそうである。

16

鶏《けい》鳴《めい》の滝

黄金の鶏伝説に込められた雨乞いの願い

［所在地／甲賀市信楽町神山］

【アプローチ】 甲賀市信楽町長野から国道四二二号を信楽町神山方面へ進み、大戸川本流の橋の手前から信楽町多羅尾へ抜ける道を進む。しばらく行くと、道が二叉に分かれており、左の道を進むと、車四台ほどの駐車場がある。駐車場から鶏鳴の滝までは徒歩約五分。

信楽高原と呼ばれる甲賀市信楽町は、町全体の標高が高いものの、周囲の山々はどちらかというと里山的で、険しいという感じはあまりしない。町の中を縦断する大戸川もゆったりした流れである。そんな場所に立派な滝があるのは想像しにくいが、大戸川の上流に「鶏鳴の滝」という地元では知られた滝がある。

甲賀市信楽町神山《こうやま》から大戸川に沿って多羅尾《たらお》へ抜ける道があり、途中で左へ入ると鶏鳴の滝の駐車場に着く。駐車場のそばには四阿《あずまや》もあり、あたりは小公園のようになっている。

駐車場の横の案内板によると、昔、この近くにある笹ヶ岳の山頂に古い寺跡があって、朝になると、この寺跡にある閼伽《あか》池から黄金の鶏が現れ、新年の幸を告げたという。この伝説にちなんで、この滝を鶏鳴の滝と名づけたとのことである。

道標に従い、川に沿って遊歩道を歩いていく。この谷は大戸川支流の神有《かみあり》川で、流域には笹ヶ岳（七三八・八）や高旗山（七一〇・一）も含まれており、集水面積が広く、水量は豊富である。

落葉樹と常緑樹が入り交じった林の中の道を登っていくと、だんだん水音が激しくなり、間もなく正面に滝が近づいてくる。

滝壺へ落ちた水は、すぐに右へ直角に折れ曲がる。このため、遊歩道を歩いてくると、そのまま滝の正面へとたどり着く。滝の正面には滝見台のような場所があって、滝を見物するのに好都合である。

不動明王

正面からあらためて滝を見上げると、この滝がかなりの異相であることに気がつく。ごつごつした岩の壁全体が黒っぽく変色し、水の当たるところだけが白っぽい面を見せている。まるで仙人の顔のようにも見えるのは、大きく二本に分かれた白い水の流れが仙人の白眉《はくび》のように見えるからだろう。また、見ようによっては異様な面構えの鬼の顔のようにも見え、あるいは咆吼《ほうこう》している獅子のようにも見える。
滝の横には岩の不動明王が立っており、樒《しきみ》が供えられている。不動明王の両目尻はつり上がり、ほお骨が異常に盛り上がっていて、滝と同様にかなりの異相である。
滝の横の遊歩道をさらに登ると、滝の上には祠があり、御神酒が供えられていた。これらを見ると、この滝が地元の人々に親しまれ、大切に保存されてきたことがわかる。

滝の周囲にはカシやツバキなどが見られ、常緑広葉樹林に特有の薄暗さがあるが、かえってそれが滝の水の白さや岩の表情を浮き立たせている。

滝の由緒書きの中に閼伽池が出てくるが、鈴鹿の雨乞岳の池や霊仙山のお虎が池などのように、山上の池には雨乞信仰と関係が深いものが多い。

すなわち、黄金の鶏が告げた新年の幸とは豊年満作のことであり、鶏の鳴き声とは滝の音色そのものである。そう考えると、鶏鳴の滝の伝説は、山上の池だけは充足できない雨乞いの願いを、滝にも込めようとした切実さの現れと解釈することもできそうである。

地元では、この由緒ある滝をまちづくりに生かそうと「神山区いい顔づくり委員会」による取り組みが進められている。すなわち、この滝の上下流の滝も併せて「鶏鳴八滝」と命名し、遊歩道などを整備しながら観光地としての賑わいを目指す「鶏鳴八滝構想」である。滝のことを熟知した地元の人々による取り組みだけに、構想の今後の成果が楽しみである。

17

黒部の滝

［所在地／甲賀市甲賀町神］

軽やかな音色を奏でる優美な滝

【アプローチ】大原ダムバス停から右へ林道を入り、ダムの貯水池を過ぎてさらに進むと、参詣橋（参道橋）がある。橋を渡ってさらに進むと、林道終点に駐車スペースがある。大原ダムバス停から林道終点（登山口）まで約四キロメートル。登山口から黒部の滝までは徒歩約二〇分。

鈴鹿山脈は北から南に向かって千メートル級の山々を連ね、鈴鹿峠で標高を落として途切れてしまうかに見える。しかし、そこから再び盛り返して八〇〇メートル級の山地を形成する。この山地には高畑山（七七三・三）、那須ヶ原山（八〇〇・〇）、油日岳（六九四）といった山々が並んでいる。那須ヶ原山には大鳥神社の奥宮が、また油日岳には油日神社の奥宮が祀られるなど、仏教文化の影響の強い山域である。

この山域では、伊賀側の加太《かぶと》・不動の滝が有名である。一方、近江側にはこれといって目立つような滝は見られず、かろうじて那須ヶ原山の麓に黒部の滝がある。

甲賀市甲賀町の大原ダム入口にバス停があり、ここから林道を入っていくと、大原ダムの貯水池が現れる。ダムを越えて杉や檜の人工林の中を進むと分岐の先に参道橋がある。まっすぐ進むと林道は終点になり、那須ヶ原山の登山口になる。

薄暗い杉林の中を登っていくと、やがて休憩小屋が現れ、その先の谷の合流点に黒部の滝が見える。

水はやや右奥から斜めに滑るように落ちてくる。水量が少なく、滝としての迫力や力強さはあまり感じられない。滑り落ちてきた水は、やや傾斜のある岩の表面の凹凸で細かく砕けながら、さらさらと音を立てて落ちていく。一気に流れ落ちるというよりも、時間をかけて岩とたわむれながら落ちていくという感じである。それだけに滝の音はさわやかで、また軽やかでもあり、音楽を奏でているような風情がある。

滝壺はほとんどなく、滝壺へ落ち込む水音がしないことも、滝の音のさわやかさ、軽やかさの理由になっている。

黒部の滝というと、字面《づら》から何となく男っぽさを思わせるが、そんな想像とは裏腹に女性的で優雅ささえ感じさせる滝である。そう思ってあらためて滝を眺めると、上部から斜めに広がっていく様子が、平安時代の女性の長い髪を連想させる。

滝の真下に立って見上げると、上部で跳ねた飛沫が陽光に白く輝きながら飛んでくる。

ここから杉や檜の林の中を登っていくと、やがて稜線に出る。そこからさらに登ると、シカの食害防止ネットが張られた植林地に出て、眼下に大原ダムが見下ろせる。このあたりから登山道はさらに急になり、小さなピークを越えると那須ヶ原山の山頂に出る。

山頂には山麓の大鳥神社の奥宮である那須ヶ原神社の祠《ほこら》があるが、扉は閉じられている。山頂からは松の枝越しに綿向山《わたむき》（一一一〇）、雨乞岳（一二三八・〇）、御在所岳《ございしょ》（一二〇九・八）など、鈴鹿山脈の名だたる山々を望むことができる。

同じ道を戻り、滝の前で休憩していると、折

那須ヶ原山の山頂の祠

しもミソサザイがさえずり始めた。まるで滝の音を伴奏に歌っているかのようである。黒部の滝は見かけの立派さという点では特筆すべきものはないが、何よりも軽やかな音の良さが特徴であり、ミソサザイもそのことがわかっているかのような競演である。

18

元越《もとこし》大滝

［所在地／甲賀市土山町大河原］

大自然の舞台で躍動する滝を鑑賞する贅沢

【アプローチ】鈴鹿スカイライン（国道四七七号）を県境（武平峠）に向かって進み、野洲川ダムの湛水域が終わって少し行くと右側に大河原橋がある。大河原橋を渡って少し行くとゲートがある。元越谷に沿って林道を進むと分岐があり、ここを左に進む。林道から元越大滝へ下りる場所には標識等もなく、また下りる道もない。踏み跡もないので、地図と地形から判断して下りる道を探すしかない。滝までは危険な場所も多く、慎重な行動が求められる。

『山と高原地図44 御在所・霊仙・伊吹』（昭文社）を見ると、野洲川支流の元越谷の上流に元越大滝の表記がある。また、『鈴鹿の山と谷5 鎌ヶ岳・宮指路岳・入道ヶ岳・綿向山ほか』（西尾寿一、ナカニシヤ出版）によると「元越谷は明るい花崗岩と美しい水流が調和した渓谷美を見せ、岸壁に囲まれた場所に十二メートルの滝がある」とされている。

しかし、地図を見る限り滝へ行く道はないようで、また、『鈴鹿の山と谷5』にも「初めから谷芯を歩くしかない」と書かれている。はたして元越大滝へたどり着くことはできるのだろうか。

鈴鹿スカイライン（国道四七七号）を湯の山温泉に向かって進み、野洲川ダムの湛水域を過ぎて少し行くと、右側に野洲川本流を渡る橋が見える。大河原橋という古いコンクリート橋で、鉄の欄干は赤茶色にさびている。

橋を渡ったところに「水沢峠《すいざわ》」と書かれた標識が立っており、元越谷から水沢峠を経て水沢岳(一〇二九・七)や鎌ヶ岳(一一六一)、あるいは宮指路岳《くしろ》(九四六・〇)や仙ヶ岳(九六一)に至る登山口である。

『甲賀郡志』の「水澤峠」に「峠の西麓に曠《こう》原《げん》あり、『元越野』と云ふ。廣七町袤三町を有す。近時村人開墾して桑園茶圃とし、又杉扁柏等の樹苗を栽培す」とある。

水沢峠の西麓、すなわち元越谷の周辺に広い土地があり、そこで桑、茶、杉苗などの栽培が行われていたようだが、具体的にどの場所を指すのかはわからない。

一方、『鈴鹿の山と谷5』によると、元越谷の名の由来は不明だが、比較的新しいもののようである。古い資料には「仏谷」となっているが、戦後に林道工事が行われた頃には「元越谷」が使用されていたらしい。

大河原橋を渡って林道を進むと、やがて左側にコバルトブルーの水を湛えた美しい谷が現れる。元越谷である。谷に沿って歩いていくと、間もなく林道が二つに分かれている。右へ行くと猪足谷で、林道の終点には無線中継所があり、その手前から登山道を入ると小岐須《おぎす》峠を経て宮《く》指路岳《しろ》に至る。

元越大滝へは左の本流を進む。林道はいったん元越谷を離れ、尾根を回って薄暗い杉林を越えるとやや小さな谷を渡る。これが仙ノ谷で、元越谷の支流になる。仙ノ谷を渡って尾根を越えると再び本流へ戻るが、迂回している間に高度をかせいだらしく、谷ははるか下になっている。

この下あたりに滝があるはずだが、道標も踏み跡らしきものもまったく見あたらない。この先に水沢峠に至る登山道があり、これを利用して谷を下って滝に至る方法も考えられるが、それでは滝の上部へ出てしまう。滝の上部は危険であり、また下流から遡《さかのぼ》って滝に至るのが正統な方法である。

地図と地形を見極めながら位置を見定め、傾斜が緩い場所を見つけて下りていく。谷の近くまで来ると、本流は岩の廊下帯になっており、むやみに下りると危険なので、安全な場所を探す。ようやく本流へ下り立つと、広い河原には大きな石がごろごろしている。

谷の中を遡行《そこう》すると、やがて両岸の岩が切り立ってきて、滝の気配が濃厚になる。なおも進むと、その先にようやく滝が見えた。

『鈴鹿の山と谷5』には高さが一二メートルとあったが、下から見上げた滝はもっとありそうな気がする。

水は左奥から斜めに広がって落ちている。高い岩の間から噴き出した水の量は意外に多く、噴き出し口の直下の岩で砕けた水がスカートのように大きく広がりながら落ちている。その広がりの中で水は右に左に躍動し、大きく砕けたり、まとまった流れになったりしながら滝壺に落ちている。花崗岩の岩はハンマーで割ったあとのようにギザギザしており、水に濡れた面は黒光りしている。

両側は岩の壁で、特に右側の壁は垂直にそそり立っている。このため、滝を見上げている場所は、岩の陰になってやや薄暗い。一方、谷の合間から斜めに射してくる光に照らされた滝は白く光っている。それはまるで暗い観客席から明るいステージを見上げているかのようである。

大岩が転がる元越谷。奥に滝が見える

岩の壁に囲まれた空間は、さながら大自然の中に作られた劇場であり、さわやかな風に吹かれながら、舞台で躍動する滝を観賞するという最高の贅沢《ぜいたく》を味わうことができる。

いつまでもここにいたい気がするが、そういう訳にもいかない。何度も振り返りながら滝をあとにして、再び険しい傾斜を登っていく。滝の音が少しずつ小さくなって、林道へ戻ったときには、先ほどまでのさわやかさがうそのように、息切れとともに汗が体から吹き出した。

19

稲《いな》ケ谷《たに》の大滝

豪快かつ爽快な田舎の巨人

［所在地／甲賀市土山町大河原］

【アプローチ】 鈴鹿スカイラインの武平峠へのつづら折れに入る手前の大きなヘアピンカーブに稲ヶ谷出合の駐車スペースがあり、雨乞岳への登山口にもなっている。登山口から稲ヶ谷の大滝までは徒歩約一五分。

雨乞岳（一二三八・〇）は鈴鹿第二の高峰で、県境主稜線からはずれて完全に近江側に位置し、独立峰的な山容を誇る名山である。この山頂へ至るルートはいくつかあり、いずれもアプローチが長いが、甲賀市土山町大河原の稲ヶ谷からのルートは最も短時間で山頂に至ることができる。直登だけに険しく、荒れた場所もあるので登山者の利用度は低いが、コースの途中に立派な滝がある。

鈴鹿スカイラインを武平《ぶへい》峠へ向かうと、峠へのつづら折れに入る手前に最初の大きなヘアピンカーブがある。このカーブが稲ヶ谷と本流との合流点で、雨乞岳への登山口でもある。ここから谷沿いに登山道を進む。木には赤いビニールテープが巻き付けてあり、これを忠実にたどっていく。

岩の色は全体に黒っぽく、しかも両岸が切り立っているせいか、谷は暗くて陰鬱《いんうつ》な雰囲気がする。二度ほど谷を渡ると、やがて前方に名もない小さな滝が見えてくる。滝の横にはロープがあり、それを伝って小滝を越えると、そこからまた何度か谷を渡り、踏み跡をはずさないようにしながら谷を遡《さかのぼ》っていく。

やがて右岸側の上方に大きな崩壊地が見え、そこから白っぽい石が押し出してきている。石の堆積地を過ぎると、登山道は谷から分かれてジグザグに登り始める。滝の巻き道らしいので、ここを登らずに谷の中へ入っていく。

相変わらず谷は薄暗く陰気で、石は水に濡れた部分だけが赤黒く見える。いわゆる金気《かなけ》のある水らしく、岩が赤さび色に染められている。岩の色といい、ごろごろした岩といい、谷は荒れた印象である。

本当にこの先に滝があるのかと少々不安になりかけた頃、ようやく大きな滝音が奥から聞こえてきた。

谷の左奥に開けた場所があり、白い光が差し込んでいる。そこに稲ヶ谷の大滝があった。暗い通路を抜けて急に明るい舞台へ出たような感じである。

見上げると、すばらしく立派な滝である。落差も予想以上に大きく、おそらく県内でも有数

稲ヶ谷の小滝

の規模を誇るだろう。二段の滝で、上段、下段のいずれも立派である。二段の滝といえば上下の大きさが異り、いずれかが主役でもう一方が引き立て役という場合が多いが、この滝は上下のどちらも立派である。

水は右手の奥から噴き出し、岩に当たって砕けながら中段の滝壺に落ちる。そこは下からは見えないが、しっかりしたポケットを持っているようである。中段から吹き出した水は再び下の滝壺に向かってどっと落ちていく。滝壺は広いが、土砂に埋まってやや浅い池になっている。

滝壺に立つと、そこは切り立った岩に囲まれた空間の底で、岩の上方にはカエデ、トチノキ、シデ、ミズナラなどの木々が空を覆っている。岩壁が見上げるほどに高いため、これらの樹木の枝葉が空のはるか遠くに見えている。それだけ滝の規模が大きい証拠と言えるだろう。

黒い岩壁にはイワタバコ、ダイモンジソウ、ウワバミソウが水しぶきを浴び、岩の上にはイワカガミがピンクの花を咲かせている。

それにしても豪快な滝である。地図にも載っていないし、もちろん観光案内などに紹介されているわけでもない。都会から離れた地方へ行って、思わぬ大人物に出会って意気投合した、たとえて言えばそんな感じである。

暗くて陰鬱で、しかも赤黒い岩がごろごろして荒れた谷の奥に、豪快で立派で、しかもさわやかな大滝を発見した、その意外なおもしろさがこの滝の一番の魅力である。

そう考えると、この田舎の巨人を中央に引っ張り出したり、観光案内に紹介したりするよりも、登山道からはずれたこの場所で、ひっそりと出会うのが最もふさわしい。そんな思いを抱きながら滝をあとにした。

東近江・湖東地域

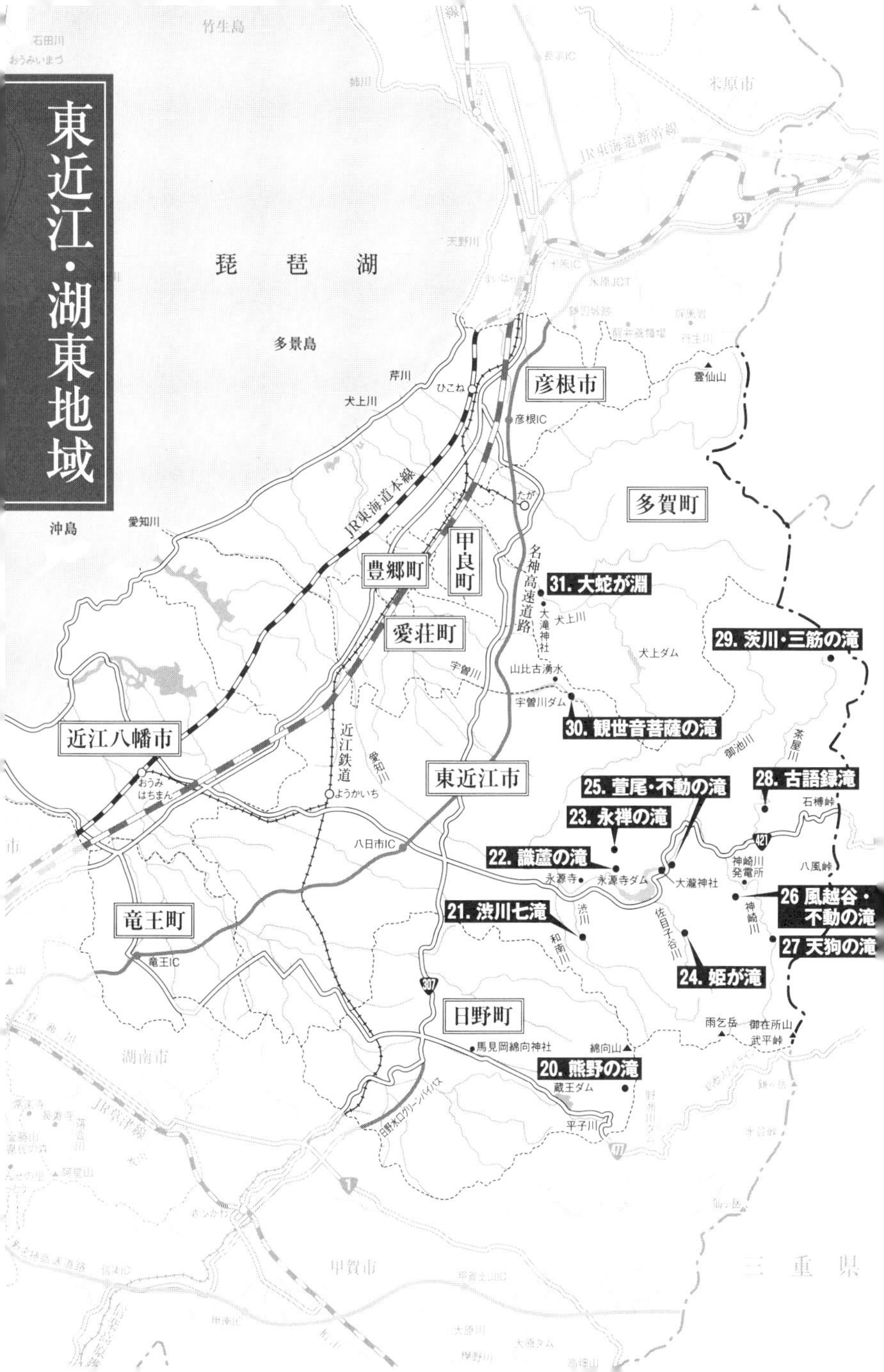
琵琶湖
竹生島
多景島
沖島
米原市
彦根市
多賀町
甲良町
豊郷町
愛荘町
近江八幡市
東近江市
竜王町
日野町
湖南市
甲賀市
三重県
JR東海道新幹線
JR東海道本線
名神高速道路
近江鉄道
芹川
犬上川
愛知川
天野川
宇曽川
ひこね
彦根IC
たが
おうみはちまん
ようかいち
八日市IC
竜王IC
霊仙山
大滝神社
犬上ダム
山比古湧水
宇曽川ダム
御池川
茶屋川
石榑峠
八風峠
神崎川発電所
神崎川
大瀧神社
永源寺
永源寺ダム
渋川
和南川
佐目子谷川
雨乞岳
御在所山
武平峠
馬見岡綿向神社
綿向山
蔵王ダム
平子川
日野水口グリーンバイパス
31. 大蛇が淵
29. 茨川・三筋の滝
30. 観世音菩薩の滝
28. 古語録滝
25. 萱尾・不動の滝
23. 永禅の滝
22. 識蘆の滝
26 風越谷・不動の滝
27 天狗の滝
21. 渋川七滝
24. 姫が滝
20. 熊野の滝
421
307
21
1

20

熊野の滝

霊験あらたかな熊野権現勧請の神瀑

［所在地／蒲生郡日野町熊野］

【アプローチ】熊野集落から熊野神社の前を通り過ぎて林道を少し行くと、右側に熊野の滝の参拝道が分かれている。そこから四〇分ほど歩くと熊野の滝に着く。

綿向山《わたむき》（一一一〇）は、鈴鹿山脈の県境稜線から御在所《ございしょ》岳（一二〇九・八）を支点として西に向かって伸びる尾根の先端にそびえる山である。鈴鹿山脈から平野部に向かって大きく突き出し、しかも千メートルを超える標高を持つ綿向山は、蒲生野あたりから眺めると、どっしりした風格のある独立峰として君臨している。

山頂には大嵩《おおたけ》神社と呼ばれる祠《ほこら》があるが、これは日野町村井にある馬見《うまみ》岡綿向《おかわたむき》神社の奥の院になっている。

登山道は西明寺口からの表参道と呼ばれる道がよく利用されており、標高一一一〇メートルにちなんで決められた十一月十日の「綿向山の日」には、多くの登山者が訪れる。

表参道の七合目には立派なブナ林が広がっているが、ここは行者コバとも呼ばれる場所で、「日野綿向行者尊」の石柱と役行者《えんのぎょうじゃ》や不動明王の像が設置されており、この山がかつては修験道の山であったことを示している。『近江蒲生《がもう》郡志』の「綿向山」の説明に「昔しは近江国

行者コバの役行者像（祠の左）と不動明王像（祠の右）

内の山伏大和大峰に擬して此山に登りしといふ」とあることからも、その様子がうかがえる。
日野町熊野の集落は綿向山の南麓にあり、ここから滝山谷を遡《さかのぼ》って綿向山頂に至るルートもあるが、こちらは表参道に比べると、あまり利用されていないようである。その滝山谷の上流に熊野の滝がある。行者コバだけではなく、綿向山の中腹にあるこの滝の存在もこの地と修験道との関わりの深さを想像させる。
熊野は山裾の奥まったところにあり、集落の中を上っていくと何本もの杉の巨木がそそり立つ場所がある。ここが熊野神社である。
熊野神社は、神体山である綿向山で活躍した修験道の山伏たちが、紀州熊野に祀られている熊野大権現をこの地に遷して創建したことに由来する。とすれば、現在は西明寺口からの登山道が表参道と呼ばれているが、かつてはこちらが山伏たちの拠点であり、表側だったのかもしれない。

　鳥居の前を通り過ぎると道は左へ曲がり、その角に二本の杉の巨木にはさまれて、山の神と野の神が並んでいる。その先の右側に滝への参拝道が分かれており、熊野の滝への入口を示す標識もある。そこを入ると、すぐにまた山の神の石碑があり、山の神信仰がこの地域に深く根付いていることがわかる。

熊野神社

　杉林の中に続く道は地元の人々の管理が行き届いており、道脇には石の地蔵が一定間隔に置かれている。谷はまだかなり下方にあり、水音は聞こえてこない。

　やがて杉林が自然林に変わるとあたりは明るくなり、谷の音が少しずつ近づいてくる。木橋を何カ所か過ぎると、前方に大きな杉の木が見えてきて、その先に立派なお堂がある。

　お堂の中の案内板によると、熊野の滝は古来より神の滝として崇《あが》められ、現在も地元の熊野の人々によって、毎年九月八日に「お滝祭り」が行われているという。

　熊野の由来が紀州熊野にあることは前述のとおりであるが、同時に熊野の滝は紀州熊野の那智の滝を擬してかたわらに不動明王を勧請《かんじょう》し、「神瀑《しんばく》」として信仰したという。また、渓流には

熊野の滝のお堂

オオサンショウウオが生息しているとのことである。

奥へ進むと正面に水の枯れた滝の跡のような岩の裂け目が見えてくるが、これはまだ熊野の滝ではない。さらに進むが、やはり滝は見えずにバチバチという水音だけがしている。不審に思いながら谷の奥を覗くと、ようやく目指す滝があった。

熊野の滝はまるでそっぽを向くかのように、谷芯からは横向きに落ちていた。ところが滝の正面に立って見上げると、那智の滝のスケールには遠く及ばないものの、まさに滝とはこうあるべきだとでもいうような正統派の滝であった。

周囲の岩は荒々しく、黒々としたその岩の面を真っ白な水がまっすぐに一本、下へ落ちている。

『近江蒲生郡志』には、「熊野の瀧」として、熊野瀧は西大路村大字熊野の山中に在り、人家より約十二町険山の懸厓《けんがい》に激す高さ四丈日野川の水源なり、地僻にして其名著《あらわ》れずと雖《いえど》も壮大なる一瀑布にして夏時近傍人の浴遊するもの少からず

とあり、また『近江輿地志略《よちしりやく》』には「権現瀧」として、

同所（注　熊野権現社）の民家より十三町許《ばかり》東にあり。高五丈許、那智瀧に准じて甚《はなはだ》大観なり。此瀧日野川の水源なり。毎年七月七日より八月八日までの間頭痛狂乱の類の者来たりて此瀧にうたる。験ありと云ふ。

と記載されている。

毎年九月八日の「お滝祭り」では、まず熊野神社で神事が行われ、地元の人々や信者が連れだって滝へ参るとのことである。また地元の方の話によると、滝祭りの時以外にも、遠方から訪れた信者が滝に打たれている姿を見かけるようである。

「頭痛狂乱の類の者来たりて此瀧にうたる。験ありと云ふ」という表現がおもしろいが、これを字句の意味そのままに、病を癒す効果ととらえればよいのだろうか。あるいは迷いや煩悩を振り払う意味だろうか。

いずれにしても、この滝が地元の人々だけではなく、遠来の人々をも惹きつける強い力を持っていることは間違いない。それは神体山である綿向山、由緒ある熊野神社、そして熊野の滝などが渾然一体となったこの領域から生じる磁力のようなものかもしれない。

21

渋川七滝

エアーポケットに出現する迫力の滝群

［所在地／東近江市和南町］

【アプローチ】愛郷の森から渋川の奥に向かって山道を進むと橋があるが、そこから先は道がなく、川の中を遡上する。膝上まである長靴をはくか、季節の良い時期に濡れるのを覚悟の上で進むかどちらかである。愛郷の森の駐車場から二の滝まで、谷を遡上すること約一時間半。二の滝付近は岩場であり、注意を要する。なお、愛郷の森から和南集落へ抜ける林道を約一・二キロメートル進んだところに分岐があり、車止めゲートがある。そこを入って進むと左に下りる道があり、治山ダムの手前まで行ける。また、この林道をさらに奥へ行くと、ゲートから約二〇分で堀越ノ滝が見える場所に着く。

『近江神崎《かんざき》郡志稿　下巻』の第十一編地理志に神崎郡内の滝が紹介されているが、この中に「瀧之浦の五瀑」がある。

阿ノ瀬山と脇山の峡間にて、渋川の水が五段の瀑布となってある。初瀧は其始めなので断崖三十余尺。箕《みの》瀧は初瀧の下に懇《ママ》［懸《かか》?］り、高十尺、幅十二尺。女夫《めおと》瀧は箕瀧の下にて、二条となって落ち、大瀧は女夫瀧の下で高三十尺、幅十八尺。其下の小瀧は高八尺、幅十五尺。

『鈴鹿の山と谷4　御在所山・釈迦ヶ岳・雨乞岳・銚子ヶ口ほか』（西尾寿一、ナカニシヤ出版）

にも「堀越ノ滝と滝ノ浦五瀑」として、『神崎郡志稿』（以下『郡志稿』と略する）の記述を引用しながら、この滝群を紹介している。この中で著者は、近くを走る林道から滝の観察は容易で、実際には滝の規模も『郡志稿』ほどではないと記載しており、同書の編集者は、現地を見ずに過去の資料を転記したのではないかと推測している。

また、堀越ノ滝は阿ノ瀬山からくる滝谷が渋川に合流する地点にある滝で、同書では「山上村和南の阿ノ瀬山麓にあり。渋川の下流で、高八十尺、幅六尺」と紹介している。

滝ノ浦五瀑の滝の高さは、同書の記述によれば、最大でも三〇尺余、つまり一〇メートルたらずであり、同書の記述が正しいとすれば、確かにそれほどの規模ではない。一方、堀越の滝の方は高さ八〇尺とあり、換算すると二四メートルになる。事実だとすると、こちらはかなりの規模である。

『山と高原地図44 御在所・霊仙・伊吹』（昭文社）を見ると、阿ノ瀬山（七八九・一）は渋川と佐目子《さめこ》谷の間にそびえるカクレグラ（九九〇・一）から西に派生した尾根の先端にあるピークである。また、脇山は渋川の下流部と和南《わなみ》川との間にある小さな山である。

この周辺で登山の対象になるのは雨乞岳であり、一般的な登山ルートは甲津畑《こうづはた》から杉峠を経由する千種《ちくさ》街道で、渋川の中流から上流にかけてである。『山と高原地図44』を見ても、渋川の下流部であるこのあたりには登山道の記載もないし、滝のマークすらなく、ほとんど情報がない。集落にも近いこのような場所に立派な滝群が本当にあるのだろうか。

東近江市永源寺支所の少し先にあるキャンプ

渋川の渓谷美

場「愛郷《あいきょう》の森」から歩き始める。駐車場から渋川の流れへ下りていくと、広い河原へ出る。川を渡って踏み跡をたどると、右岸側にしっかりした道が現れ、坂を登ると杉林の中に入る。少し行くと右へ下りる道があり、そこを下ると立派なコンクリートの歩道橋がある。ところが橋を渡った先で道が途絶えてしまうので、仕方なく河原へ下りて谷の中を進んでいく。

『鈴鹿の山と谷4』によると、「滝ノ浦五瀑」は昔の言い方であり、現在では「渋川七滝」が使われているという。また、ホームページ情報によると、堀越ノ滝も含めて七つの滝があり、下流から一の滝、二の滝、三の滝と続くという。

谷の中を進むにつれて両岸は切り立った崖になり、美しい渓谷美を見せ始めている。それに比例するかのように、進むのに難儀するようになり、右に左に安全な場所を求めながら進んでいく。岩をつかむと、割れ目からダイモンジソウの白い花が風に揺れている。

やがて正面に治山ダムが見え、その手前から右岸側を巻いていく。このあたりには踏み跡らしいものも残っているが、やがてそれもあやしくなり、再び川へ入る。

両岸はますます切り立ち、そのまま川の中を進むことが困難になる。左岸側に取り付けられたロープをつかんで岩をよじ登り、岩の段のようなところを木の根や岩の出っ張りをつかみながら進む。

ガラガラと石の落ちる音がしたのでふり返ると、対岸の斜面に黒い動物が動くのが見えた。相手も振り向きながらこちらを見ていたが、やがてあわてたように斜面を駆け上がっていった。カモシカの子どもだった。

緊張の連続で膝がガクガクし、額には冷汗がにじむ。やがて崖の上から最初の滝が見えた。おそらく一の滝であろうが、切り立った断崖の上の足場は心もとなく、ゆっくり観賞する余裕はない。そこから岩の上を少し進むと、目の前にすばらしい滝が現れた。

ホームページ情報などから推察すると、どうやら二の滝らしい。規模もかなり大きな滝で、『郡志稿』の「瀧之浦の五瀑」の部分にも、下から二番目の滝が最大の「大瀧」であるとしていることから、現場とぴたりと一致している。

それにしてもこの堂々たる滝は、どう見ても県下有数のものに違いない。高さは三〇尺（約一二メートル）であるというが、渋川の本流にあって、豊富な水量が流れ落ちる姿は圧巻そのものである。滝の下部には広い滝壺があり、その周囲を垂直の黒い岩壁が取り巻いている。

滝壺は深そうで、エメラルドグリーンの水を満々と湛えている。そこへ白い激しい水がどっと流れ込み、池に波を作って手前に押し寄せてくる。滝は上段で少し跳ねて、下段で一気に落ちていく。その両側からは、黒い巨大な岩が白い滝をはさみ込むように迫っている。黒々とした岩の壁は、そこから先へ進むことを拒絶しているかのようである。ところがよく見ると、先人が取り付けたらしいロープが右岸側の岩から垂れ下がっており、さらに進むように促している。しかし、岩の厳しさと比較して、そのロープはいかにも頼りなげに見える。渋川下流部は沢登りのコースとしてその筋では知られた存在のようだが、その技術や経験のない身には、ここまでが精一杯である。

いったん治山ダムの下まで引き返すと、左岸側に歩道があり、登っていくと林道へ出た。渓谷の中を歩かずに二の滝をピンポイントで狙う場合は、林道からのこの道を利用すれば最短距離で行ける。

林道を奥に向かって進むと、やがて左下からかすかに水音が聞こえてくる。さらに進むと、林道は少しずつ谷に近づき、見下ろすと木々の間から白い瀬が見え隠れしている。

やがて対岸に白い筋が見えたので、路肩に寄って木々の間からのぞくと、白い水が岩を伝うように細長く流れている。本流の滝ではなく、支流から渋川へ直接流れ落ちており、これが堀越ノ滝らしい。滝の周囲は切り立った断崖で、松や広葉樹が岩に生えており、まるで水墨画そのものの風景である。

『鈴鹿の山と谷3　龍ヶ岳・八風峠・愛知川・日本コバほか』（西尾寿一、ナカニシヤ出版）にこの滝の写真が掲載されているが、今見ている風景は、なぜかそれとは少し感じが違う。同じ場所には違いないが、写真の滝は一段であるのに対し、現在は二段になっている。中段の岩が抜け落ちたのか、それとも本流の状況が変わったのか、いずれにしても当時とは地形が変化したようである。

そのまま林道を進むと橋があり、橋の横から谷へ下りてみたが、最上の滝（七の滝）から下へは下りることができない。七の滝のすぐ下に六の滝が見えたが、深い滝壺と切り立った崖の連続で近寄ることはできない。二の滝からここまでの間は、恐ろしいような岩の壁、轟々《ごうごう》たる滝、そして深い滝壺が連続しているようだ。

ところで、『鈴鹿の山と谷4』には、渋川七滝は渓谷美はあるものの『郡誌稿』に書かれたような規模はないと述べているが、それはなぜだろうか。二の滝は県下でも五指に入るすばらしい滝だったし、この滝群全体を見ても、県下で他に類を見ない規模と迫力を誇っている。

疑問を抱きながら、帰り道にもう一度、林道から谷をのぞいてみた。すると、上から見下ろした風景はいかにも平板な感じで、滝や渓流を間近に見たときの迫力がもう一つ伝わってこない。やはり上から観察しただけでは、滝の落差、大きさや水の迫力がわかりにくいようだ。『鈴鹿の山と谷4』で、林道からの観察は容易であると述べていることから、著者は林道から観察しただけだったのかもしれない。当時は山が荒れており、樹木が今よりも少なかったか、あるいは丈が低かったため、林道から滝群がよく見えたのだろう。

いずれにしても、登山地図にも記載がなく、観光案内にも出ていないエアーポケットのような場所に、これだけの規模をもつ滝群とすばらしい渓谷美がある。しかも国道や集落から比較的近いところに、まさに神の領域ともいえるような険しく厳しい自然が存在する。そのことが何とも不思議な気がした。

22

識蘆《しきろ》の滝

京都五山の高僧が賞賛した永源寺ゆかりの滝

［所在地／東近江市永源寺高野町］

【アプローチ】 東近江市役所永源寺支所から国道四二一号を進み、永源寺の先に左側へ入る旧道がある。旧道を進んで左へ曲がり、愛知川の橋を渡って川沿いに進むと、道は大きくカーブして、松尾谷の橋の手前に左へ入る道がある。ここを入って坂を登ると、すぐに国民宿舎「もみじ荘」（閉館）の駐車場がある。駐車場から石段を下りて谷を渡り、すぐに左へ折れて谷を遡ると、徒歩約一〇分で識蘆の滝に着く。

識蘆の滝の近くには臨済宗永源寺派の総本山である永源寺があり、滝の由緒もこの寺に関係している。『寺院神社大事典　近江・若狭・越前』（平凡社編）によると、永源寺は康安元年（一三六一）、六角氏頼《ろっかくうじより》（法名崇永《すうえい》）が臨済宗の高僧寂室元光《じゃくしつげんこう》を開山に請い、現在地に一寺を創建したことに始まる。寺名は氏頼の法名の一字「永」と源氏の「源」をとってつけられたということである。

また、応仁・文明の大乱の時、京都五山《ござん》の高僧が難を逃れて近江の地にやってきたが、小倉荘を領していた小倉実澄《おぐらさねずみ》の招きで、横川景三《おうせんけいさん》、桃源瑞仙《とうげんずいせん》、景徐周麟《けいじょしゅうりん》といった名僧が永源寺や周辺の寺に迎えられることになった。この高僧たちは、永源寺滞在中に詩文などを創作して過ごしていたが、あるとき小倉実澄が曹源寺の谷

滝の側の不動明王像

不動明王像（上の写真の拡大）

奥に庵を建てるにあたり、識蘆谷の絵を描かせて賛辞と題辞を横川景三、桃源瑞仙に求めたのが識蘆庵の由来であるという。

『近江愛智《えち》郡志』には、「識蘆瀧」として、

識蘆瀧は小倉実澄の墓より北方数町の渓間に在り、高さ数丈奔流《ほんりゅう》中央の巨巌に一折して更に激怒して飛ぶ風韻《ふういん》ある懸瀑《けんばく》なり、小倉

実澄遺愛の名勝とす。

とある。

識廬の滝は、永源寺ダムの少し下流で愛知川本流から分かれる松尾谷にある。旧国民宿舎「もみじ荘」（閉鎖中）の駐車場から石段を下りて谷を渡り、すぐに左に折れて渓流沿いに進んでいく。治山ダムを一つ越えると、谷の水は伏流して消えてしまうが、前方からさわやかな音が聞こえてくる。滝の出現が予感され、両側の岩が次第に切り立ってくるが、滝はまだ見えない。カーブをゆっくり回ると、その先に白い滝が姿を現した。

少し薄暗い中に美しい滝が浮かび上がっている。近づくと、最初に見えたのは下の部分だけで、その上にもう一段の滝がある。

上段の滝は陽射しを受けて白く輝き、左奥から緩やかな傾斜をすべるように落ちてくる。中断で折り返した水が、下段の滝では激しく一気に正面に向かって落ち込んでいる。そのバランスが絶妙で、しかも全体が端正で引き締まった感じがする。まるで古武士のような風格とともに、見る者に畏敬の念を抱かせるものがあり、小倉実澄が愛した滝であることもうなずける。

よく見ると、下段の滝の左側の岩壁が少し掘り込まれ、その穴の中に小さな不動明王像が安置されており、信仰の滝でもあったことを示している。

永源寺を訪れた文人墨客《ぶんじんぼっかく》たちが賛辞を贈っただけあって、周囲の自然の美しさと滝の風格とが見事に調和している。しかもこの滝の風格や美しさは、単に構造やバランスからくるものだけではなく、滝と永源寺に関わる歴史の重みのようなものが含まれているように感じられた。

23 永禅の滝

奔放さと豪快さを併せ持つ造形のおもしろさ

［所在地／東近江市永源寺高野町］

【アプローチ】「もみじ荘」（閉館）の駐車場から石段を下りて谷を渡り、遊歩道を登っていくと、識蘆の滝の上部に出る。そこから谷に沿って整備された道を上っていくと、約三〇分で永禅の滝に着く。

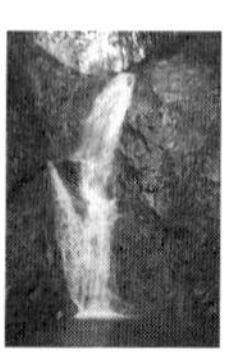

識蘆の滝から石段の下まで戻ると、遊歩道が奥へ続いている。急な坂道を登り詰め、識蘆の滝を左下に見ながら進むとやや平坦な遊歩道になり、コナラ、アカマツ、シデ、シラカシなどの自然林の快適な道になる。道沿いには炭窯《すみがま》跡がいくつか残っている。

滝までの距離を書いた手づくりの標識板がいくつも木に取り付けてあり、歩くほどに滝が近づいてくるのが楽しい。

二十分ほど歩くとやがて道は下り坂になり、滝の音が聞こえてくる。急な坂を下りると、その奥に滝が姿を現した。

この谷へ来る場合、どうしても本命は識蘆の滝になり、永禅の滝はつけたしのように思いがちである。しかしこちらもまったく見劣りがしない立派な滝である。

滝は大きな壁そのもので、谷をふさいで立ちはだかっている。水の流れは岩壁の左半分を占め、上からやや左側に向かって斜めに落ち、中段で「く」の字に折り返して全体のバランスを

滝に至る自然林の快適な道

取っている。
　壁面の右側には少量の水がかろうじて壁を伝って細く流れている。豪雨時にはこちらの方にも水が回ってきて、二筋の滝になるのだろう。
　識蘆の滝が端正で引き締まった古武士の風格であるとすれば、永禅の滝には奔放《ほんぽう》さや豪快さが感じられる。まっすぐに滝壺へ落ちるという滝の常識にこだわらない自由奔放さのようなものである。
　わずかな距離の中にまったく表情の異なる二つの滝がある。不思議ではあるが、それが自然本来の造形のおもしろさでもあるのだろう。

24

姫が滝

容易に姿を現さぬお姫様の滝

［所在地／東近江市佐目町］

【アプローチ】 東近江市役所永源寺支所から国道四二一号を東へ約五・五キロメートルのところに佐目橋がある。橋の横から林道へ入ると、車道はすぐに終点になり、谷沿いに踏み跡をたどっていく。広い河原までは明瞭な踏み跡があるが、そこから先は不明瞭で、しかも谷を何度も渡らなければならない。右岸側の明確な支流を数えながら進み、三つ目の大きな支流がハチス谷であるが、その合流点はわかりにくく、滝も本流からは見えない。佐目橋から姫が滝まで徒歩約二時間。

佐目子《さめこ》谷は永源寺ダムの湛水域《たんすいいき》に直接注ぎ込む谷であり、愛知川流域全体から見れば、それほど奥地でもない。ところが『山と高原地図44御在所・霊仙・伊吹』を見ると、この谷には林道も登山道の赤い線も入っていない。なぜかほとんど人を寄せ付けることのない空白地帯のような不思議な谷である。その谷のほぼ中ほどに「姫が滝」がある。

ホームページ情報によると、途中までは明確な踏み跡もあるらしく、ここからさらに遡《さかのぼ》って佐目峠、イブネ、銚子ヶ口方面まで足を伸ばす猛者《もさ》もいるようである。

姫が滝については、『近江輿地志略』に「左目村より三里奥、塔の尾にあり」とあり、また『神崎郡志稿』には、「山上村佐目の佐目嶽より発する佐目子川を遡ること一里余の処にある。

佐目子谷（広河原）

懸流三十尺、付近には五葉松多く、瀧壺には岩魚《いわな》を産する」との記述がある。古い文献に記載されていることから、早くから知られていた滝には違いない。

それにしても姫が滝という名はどこか謎めいていて、この目で確かめてみたい誘惑に駆られる。

八風《はっぷう》街道（国道四二一号）を永源寺ダムに沿って進むと、赤く長い橋が架かっている。これが佐目橋で、佐目子谷の河口になる。ここから佐目子谷を眺めると、切り立った山並みが折り重なるように立ちはだかり、いかにも険しそうな谷である。

橋の横から林道が続いており、入口から歩き始めると林道はすぐに終点になって、その先は山道になる。谷の左岸側に明瞭な道がついており、危険な場所にはロープが渡してある。谷には白い大きな岩が転がり、その間を奔流が流れ下っていく。

　三十分ほど歩くと傾斜が緩くなり、広い河原に出る。このあたりから道があやしくなるが、左岸側に比較的明瞭な踏み跡があり、それを忠実にたどっていく。向かって左側に大きな支流が現れるが、こちらには踏み込まないようにする。

　花崗岩の白い河原を覆うように落葉広葉樹林の淡緑が迫り、空の青とのコントラストが美しい。

　谷が少しずつ狭まってきて谷芯を進まざるを得なくなり、安全な場所を選びながら何度か谷渡りを繰り返す。やがて左側に明瞭な谷の出口が現れる。谷を覗くと少し暗くて陰気な谷である。先ほどの広い河原の分岐と合わせて二つ目の谷になる。地図を見ると、姫が滝は三つ目の谷（ハチス谷）にあり、まだ先である。

　しばらく進むと、前方に巨大な岩が谷をふさいでいる。右岸側に崩壊地があり、落ちてきた大小の岩が谷に堆積している。そこを乗り越えると左岸側に踏み跡があり、山の方へ少しずつ登っていく。途中、小さな支流に小滝があり、滝の上を越えて山腹斜面を巻くように進んでいくと、やがて谷から随分高いところまで登っていることに気づく。

　木々の隙間から覗くと、対岸は切り立った岩壁である。さらに目をこらすと、岩の間から白い水が落ちているのがかすかに見えた。

　姫が滝は支流の奥にあるものと想像していたが、本流の右岸側にそそり立つ巨大な岩壁から直接水が流れ落ちている。水は右側の岩の間から横に吹き出して、上段の岩に当たって向きを変えながら手前に落ち込んでいるようだ。しかし、見えているのは滝の一部で、しかもここからは遠すぎて滝の様子はほとんどわからない。

本流に接する所まで戻り、そこから谷を遡ると、左側から水が流れ出ている場所がある。うっかりすると見落としそうな場所だが、そこがハチス谷の出口である。濡れて滑りやすい岩を少し登ると、そこが滝壺だった。

下から見上げると、滝の上部は見えず、そそり立つ岩のすき間からまっすぐに流れ落ちる、というよりも真っ逆さまに落ちてくる、そんな感じである。見上げていると首が疲れるほどだが、そんな切り立った岩の中程にシャクナゲが生えており、ほんのり赤く丸いつぼみが葉の間から顔を覗かせていた。

滝壺はそれほど深くはないが、かなりの広さをもっている。落ちてきた水は滝壺の直上にある岩に当たって、ものすごい音を立てている。


『日本の名景　滝Ⅱ』（鉄弘一、光村推古書院）によると、この滝には竜神が美しい姫に化けて里人をさらった伝説があるとのことである。

また、『鈴鹿夢幻』（辻涼一、山人舎）によると、『御金峯塔尾参詣道名所旧跡付記』という古文書にもこの滝が紹介されているという。

「御金峯」は神崎川上流にある奇岩のことで、「お金の塔」あるいは「お金明神」とも呼ばれ

お金明神（お金の塔）

ている。花崗岩の塔を横から見ると天狗にそっくりで、古くから佐目の人々の雨乞信仰の対象になっていた。佐目の人々は佐目子谷を遡り、ハチス谷の近くの拝坂尻から尾根に取りついて大峠を越え、北谷尻谷のコリカキ場という場所で身を清めてから、さらに尾根を越えてお金明神に至った。また「塔尾」は、『近江輿地志略』にも出てくるが、姫が滝の上部の尾根付近にある岩を指すらしい。いずれにしても、佐目集落から御金峯に至る行程は距離もあり、また難所も多かったため、当時は相当な苦労をして参詣していたようである。それらの様子について書かれたものが『御金峯塔尾参詣道名所旧跡付記』であるが、この中に姫が滝が出てくる。

佐目の農夫がこの滝に参ったところ、容姿美麗な姫君が現れ、滝を眺めていたという。あなたは誰かと訪ねると、自分はこのあたりの山の守護である竜王の乙姫であると言って滝に入った。それ以来、この滝を姫が滝と呼ぶようになったという。

姫が滝はどこから見てもその全容を捉えることができなかった。しかも、岩のすき間を滑り落ちるので、周囲からも見えにくい。

滝に姿を隠したこの滝の竜神である姫君は、農夫に姿を見られた恥ずかしさに、周囲から見えにくいこの滝に隠れたのだろうか。容易に人に姿を見せてはなるまいと、まるで拒絶しているようでもある。

この滝に至るには相当な労力をともなうのであるが、そんな苦労をしてたどり着いたほんのわずかな人間にだけ、その姿をかいま見せてくれる。姫が滝は、まさに「秘めが滝」でもあった。

25

萱尾《かやお》・不動の滝

ダムの底に沈んだ雨乞いの大滝の生き残り

［所在地／東近江市萱尾町］

【アプローチ】大瀧神社は、東近江市役所永源寺支所から国道四二一号を東へ約七・五キロメートル先の永源寺ダム湖の畔にある。その少し先に小さな橋があり、そこから谷を覗くと、萱尾・不動の滝が見える。

湖東平野は有数の稲作地であるが、河川の多くは天井川である。特に愛知川は、ひとたび洪水が起これば氾濫《はんらん》し、日照りが続くと水不足に悩まされるなど、利用するには不安定な水源であった。このため昭和二十七年（一九五二）に永源寺ダムが計画され、昭和四十七年に完成、昭和五十八年に満水となり、湖東平野における農業用水源として、現在も重要な役割を果たしている。ダムの建設にともなって二一三世帯が移転し、佐目と萱尾の集落が水没したが、このうち萱尾には、かつて非常に大きな滝があった。『神崎郡志稿　下巻』には、「萱尾瀧」として、

　瀧は山上村萱尾より愛知川を遡《さかのぼ》ること北六町余の処にある。河水は絶壁の巨巌に狭められ、高十五尺幅二十尺の激湍をなして居る。地方では大瀧とも称する。

とある。一方、『近江輿地誌略』には、

［萱尾瀧］　萱尾山中にあり、愛智川の源となり、巌石大石の畳みなせる体絶景なり。
［瀧宮］　瀧の傍にあり、大瀧大明神といふ。祭神不詳。
［瀧女社］　瀧の上にあり。岩の間一町余。瀧落つる所五段なり。鮎瀧・中ノ瀧・なめり瀧・からと瀧、とぎ落し瀧以上五段なり。俚歌《りか》に「岩間より落つる瀧津の水烟《みずけむり》萱尾の里賑ひに見ゆ」

との記載があり、鮎瀧ほか五段が連なる壮大な滝であったことが想像される。また、滝を訪れる人々で萱尾の里がたいそう賑わっていたことが里歌にも歌われているという。

この萱尾瀧も現在はすべてダムの底に沈んでしまったのだろうか。『鈴鹿の山と谷4』によると、「現在は上部のいくつかの滝が残るのみ」としている。また、ホームページ情報によると、このあたりに「不動滝」があるらしい。『郡志稿』にも「萱尾瀧」の次に「不動瀧」とあり、「萱尾大瀧を距《へだ》てると三町の処にある。高二十尺、幅四尺」との簡単な記述がある。

永源寺ダムから萱尾の集落を過ぎると、ダム湖の幅も狭まり、内カーブに入ったあたりに鳥居が見える。ここが大瀧神社で、『近江輿地誌略』にあった「瀧宮」が遷されたもののようである。

カエデ並木の参道を下りていくと正面に本殿があり、右側には社務所がある。案内板によると、古来より神崎・愛知二郡の水田はすべてこの社の治めるところとして、流域一五九カ村の農民に信仰が厚く、湯水の神として毎年春と秋に初穂を献納したという。

また、七月一日の例祭の後には、「瀧飛の神事」が神社上流の大滝で氏子の青年によって行われていたとのことで、「奇岩重畳《ちょうじょう》せる岩上より数十尺下深淵の大瀧に飛び込み青年の体躯は勇壮で躍動する龍神の如し」であった。

大瀧神社

また、深谷弘典著『永源寺町の史蹟と文化財Ⅲ　中近世地方文書による八風《はっぷう》街道筋の歴史』（永源寺町郷土史会）によると、永源寺町山上（現在の東近江市山上町）の端家《はた》に保存されていた文書の中から、「大瀧風流次第」と書かれたものが見つかった。
風流とは「ふりゅう」と読み、芸能の様式の一つで、舞踏のようなものであるという。「大瀧風流次第」は元亀四年（一五七三）のもので、集落の村々が「松ばやし」を行う順番などが書かれている。「松ばやし」とは囃《はやし》のことで、賑やかに囃しながら行う歌舞のようなものであろう。
大瀧神社の祭礼には、地元の村々が総出で賑やかに囃しながら、農耕地を潤す水神に感謝の意を表し、豊作を祈願した様子がこの文書からも想像できる。
また、『永源寺町の史蹟と文化財Ⅲ』には、ダム水没前の萱尾瀧の写真が掲載されている。古い写真で判別が難しいが、荒々しい岩の間を白い水が勢いよく流れ落ちる様子がわかる。

萱尾瀧については、ほかにも伝説が残っている。『続　近江むかし話』（滋賀県老人クラブ連合会編）に「萱尾の竜神」という話があり、昔、瀬田の唐橋の下にすんでいた竜神が、毎年七月一日に姫様の姿になって萱尾の滝祭にお参りをし、村人はこれを「お姫さま」と呼んで親しんでいた。参詣の途中で休息する家には「あけずの間」があり、お姫様はたらいに満々と水を湛えて用意させると、決して部屋を覗かないように命じた。ところが家人が禁を犯して覗いた瞬間、鱗《うろこ》を洗っていた竜神は怒り狂い、その時から姫の訪れは途絶えることとなり、その家の家運も傾いてしまったとのことである。また、毎年七月一日の萱尾祭の前後には川の水が濁り、

ダム構築以前の大滝

水没した大滝

（2点とも深谷弘典『永源寺町の史蹟と文化財Ⅲ』より）

大滝のそばにあるビワの実が一つ残らずなくなってしまった。お姫様はビワが大好物だったからだという。

また、『小椋の山里　永源寺町』（永源寺町教育委員会）には、「萱尾の大滝さん」という話がある。

昔、伊勢の石榑《いしぐれ》の照光寺の娘が労咳《ろうがい》で伏せっていたが、ある日萱尾の滝の水が飲みたいと言うので、乳母が石榑峠を越えてこの滝の水を飲ませた。すると娘は自分で滝に下りて飲みたいと言うのでそのとおりにさせると、滝壺の中に身を躍らせて入ってしまい、あとには鱗がいっぱい浮いていた。その後、照光寺のご開帳中には、締め切った座敷がびしょ濡れになったり、寺の池に蛇体の娘が帰るらしいと言われている。また、長雨が降り続いたあとには、川で必ず誰かが流されないと雨が止まないと言われ、子どもが川で遊ぶのをいましめたとのことである。

大瀧神社から国道四二一号を蓼畑《たではた》方面へ少し行くと小さな橋がある。橋の中央から山側を覗くと、そこに滝があった。あまりにあっけなく見つかったので拍子抜けするほどだが、『鈴鹿の山と谷4』によるとこの谷が不動谷で、『郡志稿』にある「不動瀧」がこれらしい。

落差はそれほど高くはないが、水量は豊富でなかなか迫力がある。滝は青黒い岩壁から構成され、岩壁の右側に大半の水が流れている。

谷へ下りて滝壺から滝を見上げてみたかったが、下りられそうな場所はなく、橋から眺めるほかはない。

滝はバチバチと大きな音を立てているが、橋を車が通るとその音もかき消されてしまう。滝の向こう側にも道があり、橋が見えている。また、滝の下流側はすぐにダム湖の水際で、土砂や木ぎれなどが堆積している。

つまり不動の滝は四方から人工物が迫ってきているのである。滝だけを見ている限り、それはそれでなかなか立派な滝なのだが、周囲の状況には悲壮感さえ漂っている。「巌石大石の畳みなせる体絶景なり」と讃えられた萱尾瀧の最後の生き残りは、まさに瀕死《ひんし》の状態にあると言えそうだ。

かつて神崎郡、愛知郡など湖東平野の人々の水に対する心のよりどころであった「萱尾瀧」は、永源寺ダムの完成によってその役割を終えたのだろうか。

ダム湖のほとりにたたずむ大瀧神社と、わずかに生き残る不動の滝、そして「萱尾瀧」にまつわる信仰や伝説を見直してみることが、もしかすると水源の重要性の再認識につながるのかもしれない。

26

風越谷《かざこし》・不動の滝

比叡山回峰修験とつながる神聖な滝

［所在地／東近江市杠葉尾町］

【アプローチ】 東近江市役所永源寺支所から国道四二一号を東へ向かって走り、神崎橋の手前から杠葉尾林道へ入ってしばらく進むと、右側に山へ入る登山口がある。東近江市役所永源寺支所から風越谷の登山口まで約一四・四キロメートル。登山口から山道を登っていくと、徒歩約三〇分で風越谷・不動の滝に着く。

『鈴鹿の山と谷4』によれば、神崎川支流の風越谷にも不動の滝がある。

東近江市杠葉尾《ゆずりお》町の集落の手前から国道四二一号はバイパスとなって山手を走り、やがてバイパスが終わったところに神崎橋がある。橋の手前から杠葉尾林道に入り、しばらく進むと右側に風越谷・不動の滝への登山口がある。

登山道を登っていくと、胸に前掛をつけた地蔵が祀ってある。小さな地蔵の隣には素朴な自然石の山の神が並んでおり、注連《しめ》縄が巻き付けてある。

少し登ると見晴らしのよい場所に出て、神崎川の本流が眼下に望める。そこからさらに檜《ひのき》林の中の道を登っていく。やがて左下から風越谷の水音が響いてくると、杉林の中の少し薄暗い場所へ出る。左へ少し下ると、一段高いところに祠がある。祠《ほこら》の扉は閉じられているが、中には不動尊が納められているという。

不動の滝は『神崎郡志稿』では「花築山の瀧」として紹介されている。

風越谷・不動の滝の祠

不動瀧ともいふ。杠葉尾の風越川の下流で、水は大川に入る。此瀧も三段に分れてあるより三瀧とも呼ばれ、高十三尺と、廿一尺と、十八尺とで、幅は何れも三四尺である。

また、『小椋《おぐら》の山里　永源寺町』には、不動の滝の由来が載っている。これによると、風越谷にある三段の滝には、僧光海の作といわれる不動尊が祀ってある。光海は葛川の傍で三七日間読経し、不動尊の生身を拝したとしてその姿を一一体に彫刻して延暦寺に納めた。比叡山の僧豪恕は三段の滝の景況を聞いて、一一体の不動尊のうちの一体をこの滝の傍に納めた。従来は「鼻搗滝《はなつき》」あるいは「花築山の滝」と呼ばれていたのをこのとき以来、「不動の滝」と称するようになった。以後、この滝に詣でて沐浴し、汚れを落とす者があとを絶たなかったという。

祠から急な坂道を下っていくと、谷からは滝の豪快な音が聞こえてくる。谷を下りていくと、あたりには石がごろごろして歩きにくい。

思ったよりも立派な滝で、『郡志稿』の記述のとおり三段の滝が階段状に落ちている。滝の周辺は背の高い杉が空を覆って薄暗く、それがかえって荘厳な雰囲気を高めている。

滝の奥が白く光って見えるので、よく見ると、滝の上方に林道が走っており、そこから陽の光が差し込んでいる。このため滝が逆光になり、光と影が三段の滝を一層複雑に見せている。ほとんどの滝は薄暗い中に白い水が浮き上がるように見えるが、この滝は逆光のため、花崗岩の白さも水の白さも光の中に紛れてしまっている。

滝壺はそれほど大きくはないが、少し青みを帯びた清澄な水を湛えている。滝壺に手を漬けてみるとしびれるように冷たく、ここで行われたという滝行の厳しさが想われる。

『小椋の山里　永源寺町』によれば、毎年七月七日には滝祭りが行われ、地元の人々がお神酒や山海の珍味を携えて参詣したとある。かつて賑わった滝を訪れる人は少なくなったが、現在も神聖な場所として地元の人々に大事にされている様子がうかがわれる。

先の伝承によれば、この滝と比叡山や葛川との間には深いつながりがある。大津市葛川の三の滝で紹介した相応《そうおう》和尚《かしょう》による回峰修験のネットワークが、この永源寺の無名の谷にまで及んでいたとすると、滝と信仰との関係は現在からは想像もつかないほどに濃厚だったようだ。

27 天狗の滝

大自然のまっただ中にある雄大な滝

［所在地／東近江市杠葉尾町］

【アプローチ】 杠葉尾林道を神崎川に沿って奥へ進み、瀬戸峠からの登山道との交差点が登山口になる。東近江市役所永源寺支所から登山口まで約一七・八キロメートル。ここから登山道を約一時間四〇分歩くと天狗の滝に着く。また、天狗の滝へは三重県側（朝明渓谷）からハト峰経由で入ることもできる。

天狗の滝は、『日本の滝2　西日本767滝』（北中康文、山と渓谷社）で著者が選んだ日本の滝百選に入っている。この百選は歴史など人文的な要素は考慮しないで、自然的な要素だけで比較したものである。すなわち、規模、岩盤、集水域、植生、自然度の五項目について、それぞれ五点満点とし、総合評価が★の数（最高は★五つ）でなされている。

天狗の滝の評価は、規模が一点、岩盤、集水域、植生が四点、自然度が五点、総合評価は★三つで、滋賀県からはただ一つ選定されている。

神崎川の上流にあり、周辺には集落も道路もなく、滝へたどり着くには登山道を延々と歩かなければならないが、それだけ自然度の高い滝であると言えるだろう。

神崎橋から杠葉尾《ゆずりお》林道を奥に向かって進むと、左手に神崎川発電所があり、このあたりから高度を上げていく。はるか下に見える神崎川は自然のままの渓流で、落葉樹と針葉樹がモザイク模様になった山々の間を、花崗岩の白い谷がまるで白蛇のようにうねうねと伸びている。

しばらく登っていくと右手の山の尾根が低くなり、風越谷から瀬戸峠を越えてきた山道と出合う。かつては杠葉尾の集落から風越谷を遡《さかのぼ》り、瀬戸峠を越えて神崎川へ下り立ち、そこから再び県境尾根を越えて伊勢に至る山越えの道である。

その出合が天狗の滝への登山口で、木柵に沿って階段を降りていく。自然林の気持ちの良い道が続き、落ち葉を踏むとカサカサと乾いた音がする。

やがて小さな峠を越えると急な下りになり、神崎川の本流に出る。河原には真っ白な岩がごろごろしている。川に出てしまうと道がわからなくなるので、左岸側の道を忠実にたどっていく。

登山道はいったん登って高巻きする。眼下に自然のままの神崎川、その両岸には幾重にも連なる山並みが続いている。再び川に近づくと、右手からウソクラノ谷、ジュルミチ谷といった支流が流れ込み、それらの河口を渡ると再び高巻き道になる。これを越えて本流の水の上に出た石の上を飛びながら渡っていく。

渡り終わった場所が白滝谷出合《であい》で、休憩によい場所である。ここから本流の上を覗くと、真っ白な巨石がごろごろと積み重なって異様な光景が現れる。

ここからは右岸側の道を遡っていく。このあたりから神崎川本流の核心部となり、両岸が切り立った廊下状になっている。登山道はこれを避けて大きく高巻きし、時おりはっとするような断崖が木々の間から覗いている。やがて急な下りが終わると、天狗の滝の上手に出る。滝を見るには、ここから登山道を少しはずれて右方向へ入っていく。

神崎川の核心部

岩の上から滝を眺めると、神崎川の広大な流域から大量の水を集め、岩の間から一気に流れ落ちる姿は圧巻である。岩の迫力は言語を絶し、そぎ落としたような花崗岩の白い岩肌が両岸から押し迫って、そのV字になったところを怒濤のような奔流が砕け落ちていく。

滝壺は湖のように広く、深く、まるで空の青と木々の緑を混ぜ合わせたような深い紺碧《こんぺき》の水を満々と湛え、水の落ちたあたりだけ白い泡が渦巻いている。

登山道がなければ、まさに天狗ぐらいしかここへ来ることができないような大自然のまっただ中にある雄大な滝である。『日本の滝2　西日本767滝』の著者が百選に選んだのも十分に納得できるような自然度あふれるすばらしい滝であった。

28

古語録滝《こごろく》

地形の険しさを語源とする谷の盟主

［所在地／東近江市政所町］

【アプローチ】東近江市杠葉尾町から国道四二一号を石榑峠に向かって走り、分岐から茨川林道に入って一・八キロメートル進むと古語録橋がある。古語録橋から治山工事用道路を進み、残土処分場の広場を過ぎたあたりから谷に入る。古語録橋から徒歩約三〇分で古語録滝に着く。

国道四二一号を鈴鹿山脈に向かって進み、杠葉尾を過ぎてまっすぐ進むと石榑《いしぐれ》峠、左へ折れると茨川《いばらがわ》林道である。林道へ入ってしばらく行くと谷が深く落ち込み、人をも寄せ付けないような険しい地形が続く。

古語録《こごろく》谷という谷の名称は興味を惹かれるが、由来ははっきりしない。文字から想像すると、永源寺やそこにいた学識のある僧が関係するように思えるし、また轆轤《ろくろ》伝説で有名な惟喬親王《これたかしんのう》にまつわる由来でもありそうに思えるが、そうでもないらしい。

『鈴鹿の山と谷2　藤原岳・御池岳・茶屋川・青川ほか』（西尾寿一、ナカニシヤ出版）によると、古語録はおそらくあて字ではないかという。「こごろく」とは岩の重なる意味で、岩が「ごろごろした谷」が「こごろく谷」に転化したということらしい。

現在の国道四二一号は、茶屋川の支流である八風谷《はっぷう》を遡り、尾根を越えて古語録谷の上流を巻きながら石榑峠に至る。しかし、車道がない頃はまったく別のルートで、政所《まんどころ》から山の神峠を越えて茶屋川へ下り、そこから古語録谷を遡《さかのぼ》って伊勢に至っていたらしい。ただし古語録谷と茶屋川との合流点は地形が険しいため、少し上流の焼野という場所から尾根を越えて古語録谷へ入ったという。それほどに古語録谷は険しい谷であり、「こごろく」とはそのような困難をともなう川の意味ではないかとも『鈴鹿の山と谷2』では述べている。

また、古語録とは人名、すなわち「小五郎」からの転化で、もしかすると炭焼きなどをしていた人の名ではないかとも推察している。

茨川林道の古語録橋を渡った右側に治山工事用の道路があり、ここを入っていく。二〇分ほど歩くと、道路と谷の間に残土処分地の広場が見えてくる。そこを過ぎたあたりに治山ダムがあり、その上部の堆砂敷《たいしゃじき》へ下りていく。谷を遡《そ》上《じょう》していくと、やがて両側が切り立った廊下帯になる。

大きな水音が近づいてくると、やがて目の前に滝が姿を現す。滝の上に治山ダムが見えるのが少し興ざめだが、滝壺の近くまで寄るとそれも視界から消える。そうして見上げた滝は、落差こそ低いものの、なかなか貫禄がある。

水は中央から太く流れ込むが、中断でクッションして砕けた水が末広がりなって滝壺に吸い込まれていく。滝壺は丸くて広いが、土砂で半ば埋まりかけている。

古語録谷の流域面積は相当な広さを持っており、このため水量は豊富で、大量の水の落ちる音がまるで力士がシコを踏んでいるかのようにどんどんと腹の底まで響いてくる。

滝壺の前に立つと、周囲は高い垂直の岩に囲まれ、まるで円形のホールの中にいるかのようである。その垂直に近い岩にシャクナゲが張りついていた。花の季節になれば円形ホールに響く滝の音を聞きながら、淡いピンクの花を眺めることができるだろう。

この滝の源流は石榑峠で、峠までは車で簡単に行くことができる。また、竜ヶ岳は峠から一時間ほどで登ることができるが、この山は竜の名が示すように竜神の住む雨乞信仰の山である。

石榑峠と古語録滝は同じ流域にあり、峠に落ちた雨が古語録滝に至っているのだが、なぜかそのことがうまく結びつかない。車でいきなり到達する石榑峠と、別の場所から入り込んで、谷を遡上しないと出会えない古語録滝とは、別次元の世界のように思えるからだろうか。山や滝を信仰した往古の人々のように、谷を自分の足で遡って峠に至り、そこから竜神の住む山を見上げて初めて、山から峠を経て流れ落ちる水の恵みのありがたさと、その象徴としての滝を実感することができるのだろう。

29 茨川《いばらがわ》・三筋《みすじ》の滝

惟喬親王の前進を拒んだ境界の壁

［所在地／東近江市茨川町］

【アプローチ】東近江市杠葉尾町から国道四二一号を石榑峠に向かって走り、分岐から茨川林道を約一〇・一キロメートル走ると、茨川の廃村跡に着く。そこから茶屋川に沿って登山道を約一時間半歩くと三筋の滝がある。なお、廃村跡からの登山道は不明瞭なので、注意を要する。

現在は廃村になっている茨川へ行くには、茶屋川（愛知川本流）に沿って茨川林道を延々と走らなければならない。しかし、かつて林道がなかった頃の茨川への道は、この茶屋川に沿ったルートではなく、政所《まんどころ》から御池《おいけ》川に沿って蛭《ひる》谷《たに》、君《きみ》ヶ畑《はた》を経てノタノ坂を越える道を利用していた。

『近江輿地誌略』には「君畑川」として、

源は茨茶屋《いばらぢゃや》村犬返《いぬがえしの》瀧より出で南に流れ、箕川《みのがわ》村をめぐり曲折して、君畑村の西に至って杠葉尾川と合して和南川となり、愛知川となって湖水に入る。

とある。君畑川とは現在の御池川のことを指すらしいが、その源流は茨茶屋村（茨川）の犬返瀧（三筋の滝）であると述べている。明らかに誤りであるが、当時は君ヶ畑を経て茨川に至るのが一般的なルートであり、人の流れを水の流れと混同したことがこの誤りを生んだ原因らしい。もっとも、箕川と君ヶ畑の順序も逆であり、『近江輿地誌略』の筆者はこのあたりの地理を熟知していなかったのかもしれない。

この道は近江から伊勢へ抜ける山越え道の一つでもあり、茨川からは伊勢谷を遡《さかのぼ》り、治田《はった》峠を越えて伊勢の新町へ至る道が主要道として利用されていた。また、この付近には茨川銀山があり、鉱山の拠点としても栄えたようである。茨川は峠道を利用する商人、旅人、鉱夫などで栄えた茨茶屋と呼ばれる茶屋の村であり、茶屋川の由来もここにある。

やがて鉱山は衰退し、交通の発達にともなって峠越えの拠点としての地位も失い、茨川は過疎の村になるが、炭焼きや林業を営む人々がその後も生活を続けていた。昭和二十九年(一九五四)に茨川林道が開通すると、植林や木材の搬出が格段に便利になった。また、それまでは三重県との交渉がほとんどであったのが、滋賀県側との物流が盛んになってきた。

ところが昭和三十四年の伊勢湾台風によって茨川林道は至るところで崩壊し、通行不能になってしまった。復旧は遅々として進まず、一方で産業構造や生活スタイルの変化などにともなって過疎化がさらに進行し、昭和四十年(一九六五)に最後の住人が移転して茨川は村の歴史を閉じた。その後、林道は復旧するが、いったん廃村になった村がもとへ戻ることはなかった。

国道四二一号から茶屋川に入り、険しい谷に沿って林道を進む。延々と続く林道を走っていると、目の前には次々と山襞《やまひだ》が現れ、この先にかつて村があったことが想像しがたいほどであ

三体の地蔵

る。曲がりくねった林道の運転にも疲れてきた頃、ようやく廃村の広い空間に出る。

川の手前のスペースに車を駐めて外へ出ると、茶屋川の川音に混じってカジカガエルの鈴を転がすような鳴き声があちこちから聞こえてくる。

河原に立つと、左側に君ヶ畑からノタノ坂を越えてきた山道が下りてきている。山道の脇には三体の地蔵が置かれている。川の浅瀬を選んで渡ると治田峠への分岐を示す標識があり、ここを左にとって八幡工業高校山岳部と名古屋大学ワンゲル部の山小屋の横を通り過ぎる。このあたりが集落跡で、石垣や敷地の跡がまだ残っている。再び河原に出て、谷を渡ったところに鳥居があり、石段の上には神社が見える。

幅広い川の中をしばらく進むと左岸側に杉林があり、そこから山道が奥へ続いている。しばらく行くと、登山道は谷からかなり高いところ

茶屋谷の遡上

を進み、尾根のような所から谷へ下りていく。このあたりから道がやや不明瞭になり、かすかな踏み跡をたどりながら、川へ入ったり、対岸へ渡ったりしながら進んでいく。

やがて右側の谷から土砂が本流に押し出している場所があり、地図で確認すると善右衛門《ぜんえもん》谷である。そこを越えてしばらく進むと、目の前に大きな壁が立ちはだかっている。その壁が三筋の滝であった。

三筋の滝には、惟喬親王《これたかしんのう》にまつわる伝説がある。すなわち、文徳天皇の第一皇子であった惟喬親王は、太政《だじょう》大臣として権勢を振るっていた藤原良房の娘を母とする第四皇子の惟仁《これひと》親王（後の清和天皇）との皇位継承争いに敗れ、都を落ち延びて各地を転々とし、やがてこの小椋《おぐら》谷へ逃れた。惟喬親王は小椋谷の住人たちの貧しい暮らしと、大木が豊富にあることに目をつけられ、轆轤《ろくろ》を使って椀や盆を作る技術を伝授し、やがて小椋谷は木地師《きじし》の本拠地として大いに栄えた。

あるとき、惟喬親王が犬を連れて茨川を訪れ、谷を遡って三筋の滝まで来られたが、滝のあまりの険しさに犬が引き返したことから、犬帰の滝と呼ばれたという。

『近江輿地誌略』にも「犬帰瀧《いぬかえりの》」として、「同村（注　茨茶屋村）にあり。愛智川の水源なり」との簡潔な記述がある。

三筋の滝の名のとおり、壁には三本の筋があるが、このうち水が流れているのは向かって右側だけである。あとの二つの筋のうち、左側は比較的はっきりしているが、真ん中の筋はほとんど消えかかっているように見える。甲賀市の田代・三筋の滝のように、しっかりした三本の流れがあるわけではない。

ところが『鈴鹿の山と谷2』に掲載されている写真には、三本の水が確かに流れ落ちている。しかも写真を見る限り、現在、唯一流れのある右側の流れよりも、左側の流れの方が水量が多いようにも見える。また、『湖国と文化』69号「特集　近江の峠路・滝」（財滋賀県文化振興事業団）にも、三筋の滝に三本の流れのある写真が掲載されている。増水時には三本の流れができるのだろうか。あるいは水量の減少や流心の変化などに

3本流れている状態の三筋の滝
（久木実氏撮影、『湖国と文化』69号より転載）

よって、現在は右側の筋だけしか水が流れなくなってしまったのだろうか。

　確かにホームページで検索すると、水が流れている右側の写真だけを三筋の滝として掲載しているものが多い。しかし、やはりこの滝は三本の筋を含めて、全体を見るべきである。それは単に、かつては三筋の流れがあったからという理由だけではなく、この滝全体を惟喬親王の犬を退却させた壁として見たいからである。

　その大きな岩の壁には、ヤマブキ、ギボウシ、ウワバミソウ、ワサビなどの植物がびっしりと張りついている。滝の周囲は、カエデ、シデ、ミズナラなどの落葉広葉樹林が取り囲んでいる。滝の向こうの青空には鈴鹿の主稜線が覗いており、愛知川源流の雄大な自然のただ中に、この美しい滝が存在していることが感じられる。

　茨川の廃村から細い踏み跡や荒々しい川の中を苦労しながら遡ると、突然のように目の前に立ちはだかる三筋の滝。確かにこの先へ進むことを拒んでいるかのようで、犬帰の滝の名称が大げさなものではないことが、ここまで来てみれば実感できる。

　今、ここへ来るのは登山者か渓流釣り人ぐらいであろうが、かつて茨川に人々が暮らしていた頃は、鉱夫、炭焼き、猟師だけでなく、村人や地元の子どもたちも滝を訪れ、巨大な壁を仰ぎ見たに違いない。

　しかし、ここから先は奥山であり、非日常の世界である。つまり、山の神や先祖の霊など畏怖すべきものが住む神秘な領域であった。そして惟喬親王さえ拒絶したこの滝は、おそらく日常の世界と神秘の領域を隔てる壁でもあったのだろう。

30

観世音菩薩《かんぜおんぼさつ》の滝

大蛇伝説を伝える金剛輪寺ゆかりの滝

〔所在地／東近江市平柳町・愛荘町松尾寺〕

【アプローチ】国道三〇七号から宇曽川ダムへ入り、約三・八キロメートル先に駐車場やトイレが整備された小公園がある。砂防ダムの手前には車止めゲートがあり、林道を奥に向かって歩いていくと、駐車場から約一五分で観世音菩薩の滝に着く。

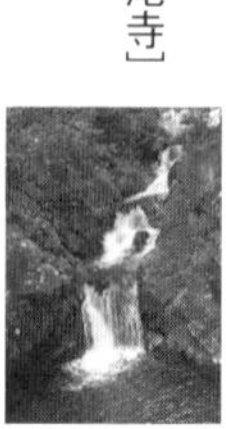

ホームページ情報によると、宇曽《うそ》川ダムの上流に観世音菩薩の滝があるという。また、『鈴鹿の山と谷2』の中に押立山と宇曽川周辺の地図があり、そこには「阿弥陀菩薩ノ滝」の表記がある。観世音菩薩の滝と阿弥陀菩薩ノ滝、この二つは同じものだろうか。

宇曽川ダムの湛水域《たんすいいき》が終わるあたりに駐車場があり、一帯が小公園のようになっている。正面には大きな砂防ダムがあり、その手前には平成二十年（二〇〇八）に「平成の名水百選」に選定された山比古《やまびこ》湧水がある。山比古湧水からゲートの横を通って林道を上がると、「山比古地蔵」の石碑が立ち、その奥に小さな祠がある。山比古湧水のいわれにもなった山比古地蔵には、信心深い老夫婦のために山姥《やまんば》が退治された伝説が残されており、付近には山姥の足跡が刻まれた岩も残っている。

砂防ダムを右に見下ろしながら進むと、谷の対岸の岩が切り立ち、いかにも滝のありそうな場所がある。『鈴鹿の山と谷2』の地図に「阿

山比古地蔵

「阿弥陀菩薩ノ滝」の場所にある小滝

弥陀菩薩ノ滝」の表記があるのもこのあたりである。対岸の切り立った岩といい、エメラルドグリーンの水を湛えた淵といい、いかにも滝のにおいがする。

しかし、落差はわずか二〜三メートルで、滝というにはいかにも規模が小さい。どう見ても滝というよりは、ただの淵である。

腑に落ちないまま、奥に向かって進んでいく。

しばらく行くと、道は左へ大きくカーブして、再び谷が狭まってくる。やがて正面に立派な滝が見えてきた。「観世音菩薩の滝」で検索したホームページの写真にあった滝である。

滝は三段で、上段はやや右から正面へ噴き出すように水が出ている。中断は平らな岩の面から落ちた水が岩に当たって砕ける。下段はさらに広くて平らな、まるでテーブルのような岩から幕のようになった水が落ちている。滝壺は広い池のようで、翡翠《ひすい》のような緑色の水を湛えている。

岩の黒さ、滝壺の濃緑、落ちる水の純白の対比が鮮やかである。周囲からは常緑樹の深い緑が滝を包み込み、あたりは一幅の水墨画のようである。

『近江むかし話』（滋賀県老人クラブ連合会・滋賀県社会福祉協議会共編）に「金剛輪寺《こんごうりんじ》の七不思議」という話があり、七不思議の一つに「密僧坊」という話がある。

金剛輪寺の密僧坊は、一axes《ひとな》め十人力と言われるほど味噌が好きな怪力の持ち主で、味噌をなめるとますます力持ちになった。力仕事をしてくれるのはありがたいが、これ以上力持ちになることを恐れた村人は、密僧坊の姿を見ると味噌を隠してしまった。

腹を立てた密僧坊が農家を通りがかると、老夫婦が餅を搗《つ》いている。「餅をくれ」と言うと、老夫婦は「初孫を産んだ娘のところへ持っていく祝いの餅だから」と言って断ったが、これを聞かずに全部食べてしまった。餅を食べて喉《のど》が渇いた密僧坊が谷川へ来ると、急な流れに足を取られて滝壺に落ち、あっけなく死んでしまった。

それ以来、村人が山に入ると滝壺から大蛇が現れて人を呑んでしまった。そこで金剛輪寺の住職である光蓮法印が滝壺のほとりで観世音菩薩の称名を唱え、密僧坊の霊をなぐさめると、大蛇が出なくなった。そればかりか、日照りが続いたときに観世音菩薩の称名を唱えると、たちまち雨が降ったという。

さて、帰り際にもう一度、最初に見た小滝（淵）のところまで戻ってきて、『鈴鹿の山と谷2』の宇曽川周辺地図を眺めてみた。地図には小滝の場所に「阿弥陀菩薩ノ滝」が、観世音菩薩の滝のあたりに「三段ノ滝」が表示されている。確かに今見てきたように、観世音菩薩の滝はその形態が三段であった。

もともとこの小滝の場所には「阿弥陀菩薩ノ滝」が、また奥には「三段ノ滝」があったが、「阿弥陀菩薩ノ滝」は川の状態が変わって落差が小さくなり、滝としての形態を失ってしまったのだろうか。

『鈴鹿の山と谷2』の地図にある「三段ノ滝」が、現在の「観世音菩薩の滝」であることはほぼ間違いがないが、「阿弥陀菩薩ノ滝」のいきさつと現場の状況については、結局のところよくわからない。

いずれにしても、「密僧坊」の話にあるように、この滝と金剛輪寺の関係や滝に託された雨乞いの祈りなどを考えたとき、滝の名称としては「三段ノ滝」よりも「観世音菩薩の滝」の方がふさわしいように思えた。

31

大蛇が淵

小石丸伝説に託す洪水の鎮まりと豊穣の願い

［所在地／多賀町富之尾］

【アプローチ】国道三〇七号の金屋北交差点から山手へ入り、約二・五キロメートルのところに大滝神社がある。神社の入口から国道をはさんだ土手には、犬胴松の石碑とお堂がある。参道を進むと右側に本殿がある。遊歩道を川に沿って右手へ進むと滝見ポイントがあり、そこから大蛇が淵が見える。

多賀町富之尾《とみのお》の犬上《いぬかみ》川に大蛇が淵がある。淵とあるが、近くには大滝神社もあり、立派な滝である。何といっても「大蛇が淵」の名称には惹かれるものがある。

国道三〇七号の金屋北《かなやきた》の交差点を東へ入り、犬上川の橋を渡って敏満寺《びんまんじ》から入ってきた旧道に突き当たる。これを右折して川沿いに進むと、間もなく右に大滝神社が見える。

大滝神社の鳥居をくぐり、参道を進んで二つ目の鳥居をくぐると、右側に大滝神社の本殿がある。説明板によると、大滝神社は多賀大社の奥宮または末社と考えられ、江戸時代に建造された一間社流造《いっけんしゃながれづくり》、檜皮葺《ひわだぶき》の本殿は、県指定有形文化財になっている。川のそばに杉の御神木があり、その横に大蛇が淵の説明板が立っている。

これによると、大昔、このあたりの渓流には「大滝」の名に恥じないような滝があり、滝の

大滝神社

淵には付近の住民に祟りをなす大蛇が住んでいた。あるとき、犬上の君とも呼ばれる稲依別《いなよりわけの》王《みこ》が猟にやってきて、猟犬の小石丸とともに通りがかったところ、このあたりに住む大蛇のうわさを聞き、これを退治しようと七日七晩にわたって探し続けた。ところが、仮眠していた犬上の君に小石丸がしきりに吠えたてるので、怒った犬上の君は腰の剣を引き抜き、一刀のもとに愛犬の首をはねてしまった。すると小石丸の首は今にも襲いかかろうとしていた大蛇の首に噛みつき、大蛇は悶絶して淵へ落ちていった。犬上の君は大いに驚き、愛犬の死を悼《いた》んでこれを葬った。

この首を鎮めた祠《ほこら》が川の対岸に見える。また、大滝神社の入口から道路をはさんだ土手に石碑とお堂がある。こちらは小石丸の胴を葬った犬《いぬ》胴《どう》塚で、ここに植えられた松が「犬胴松」と呼

犬胴松

小石丸の祠

ばれている。現在は松は枯れてしまい、お堂の中には枯れた松の幹に注連縄《しめなわ》が張ってある（小石丸の伝説については、大滝神社の中の説明板よりも、道路脇にある犬胴松の説明板の方が詳しい）。ちなみに犬上郡の由来も、この伝説の「犬噛み」または「犬神」から来ているということである。

御神木の杉の下から川を覗いてみた。すると、そこには驚くような風景が広がっている。荒々しい岩がそそり立つ中を、白いしぶきを上げながら犬上川本流が怒濤のように流れ下っていく。付近には人家や公共施設もあり、道路には車が頻繁に走り抜けている。そんなごく日常的な風景のすぐそばに、驚くような渓谷美が展開されている。

この下あたりに滝があるようだが、激しい水音ばかりでその姿は見えない。遊歩道の擬木の柵に沿って、暗い林の中を右手へ進むと、ベン

犬上川の渓谷美

チの置かれたスペースがある。そこは、ちょうど正面から滝が見られる滝見ポイントだった。

滝の落差はそれほどでもないが、さすがに犬上川の本流だけに、巨岩、奇岩の間を大量の水が流れ落ちる姿に圧倒される。何といっても水の力強さが並大抵ではないが、その強大な水を岩がしっかりと受け止めている。

周囲の岩にはさまざまな形があり、方形の岩が積み重なったものや、先端の尖った多数の岩角が空を突き上げているものもあり、岩を見ているだけでも飽きることがない。

大蛇が淵は二段で構成され、逆巻くように落ちた水は滝壺の底をえぐるようにしながら白い泡沫《ほうまつ》を巻き上げている。巻き上げられた泡は消えて、流れはいったん静まり、ゆったりと下流に向かって徐々に速度を上げながら流れていく。

ところで、説明板に登場する祟りをなす大蛇とはいったい何者であり、また、小石丸の伝説は何を物語っているのだろうか。それはこの流れの強大な力を見ていると、自然に解けてくるような気がする。すなわち大蛇とは、人々に危害を及ぼす犬上川の洪水であり、また、小石丸の伝説はそれらの被害が鎮まることへの人々の願いだったのではないだろうか。

同時にこの滝は、実りのための重要な水源の象徴として、信仰の対象にもなった。『多賀町史』から、大滝神社についての部分を引用してみると、

祭神は高龗神《たかおかみ》、闇龗神《くらおかみ》といい、「湿雨を司り、水脈を主宰し、農作物の生茂繁殖の道を幇助《ほうじょ》し給う神」といわれている。けだしこの神々は滝に近く鎮座して雨をつかさどり、水脈を支配し、農作物の生々繁茂するように大いなる恵みを垂れ給うとあがめまつった。

とある。また、犬上川は流域にある多賀町、甲《こう》良《ら》町、豊郷《とよさと》町などの農民からも重要な飲料水や農用水として信仰を集め、その水をもらう感謝の気持ちを込めて、毎年の収穫から大滝神社に初穂米を献納しているとのことである。

川の対岸にある小石丸の祠をあらためて見てみると、周囲の草木はきれいに刈られ、また犬胴松の注連縄《しめなわ》も真新しく、大切に守られていることがわかる。

上流には犬上ダムができ、河川改修が進められている中で、小石丸の伝説に託された洪水へのおそれ、水源への感謝、そして豊饒《ほうじょう》への願いはこれからも語り継がれていくだろう。

湖北地域

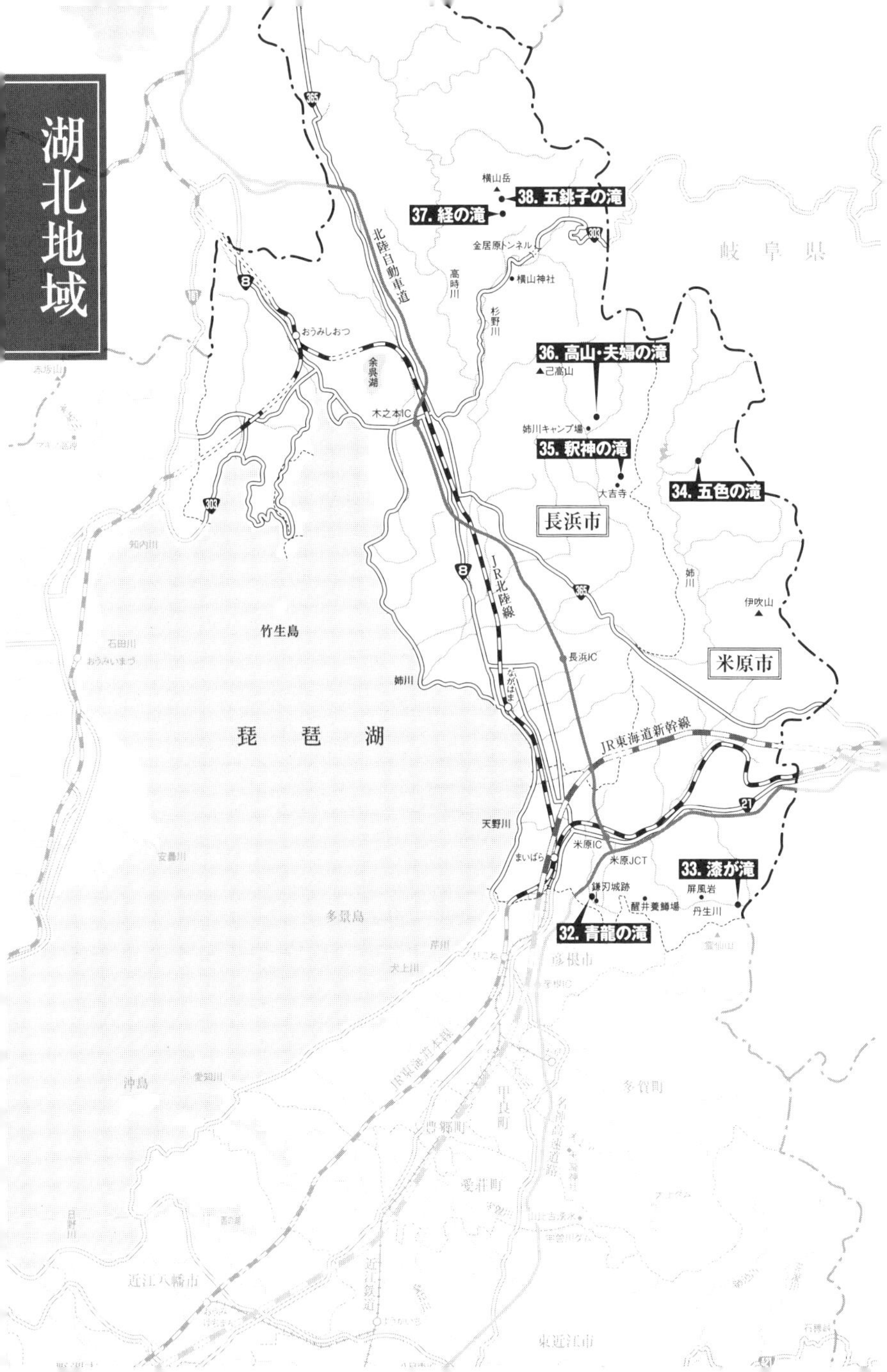

38. 五銚子の滝
37. 経の滝
36. 高山・夫婦の滝
35. 釈神の滝
34. 五色の滝
33. 漆が滝
32. 青龍の滝
横山岳
金居原トンネル
横山神社
高時川
杉野川
北陸自動車道
岐阜県
おうみしおつ
余呉湖
木之本IC
己高山
姉川キャンプ場
大吉寺
長浜市
姉川
伊吹山
米原市
JR北陸線
長浜IC
ながはま
竹生島
琵琶湖
JR東海道新幹線
天野川
米原IC
まいばら
米原JCT
鎌刃城跡
醒井養鱒場
屏風岩
丹生川
多景島
石田川
おうみいまづ
知内川
安曇川
彦根市
多賀町
沖島
365
303
8
21

32

青龍の滝

［所在地／米原市番場］

戦国の攻防の最前線、鎌刃城の貴重な水源

【アプローチ】 国道二一号の樋口西の交差点から南へ入り、しばらく進むと中山道の番場宿に入る。国道から約二キロメートルのところに鎌刃城趾の案内板があり、そこが登山口になる。名神高速道路のガード下をくぐると山道になるので、標識に従って登っていく。登山口から約一時間で鎌刃城址に着く。そこから滝谷林道へ出て、少し下ると、水の手と青龍の滝がある。鎌刃城趾から滝までは徒歩約三〇分。また、西番場バス停から滝谷林道を使うと、徒歩約一時間で青龍の滝まで行ける。

米原市にある中山道の番場《ばんば》宿を摺針《すりはり》峠方面に向かうと、道の脇に「国指定史跡　鎌刃《かまは》城趾」の案内板がある。

これによると、鎌刃城趾は近江南部と北部の境にあり、国境警備を目的として築城された。浅井氏の家臣であった城主の堀氏は、元亀元年（一五七〇年）に織田信長に味方し、織田方の最前線基地となった。このため、浅井長政や一向一揆勢にたびたび攻められ、木下藤吉郎の援軍によって落城が食い止められたという。

案内板の地図を見ると、鎌刃城趾の近くに青龍の滝の位置が示されている。城跡への道はいくつかあるようだが、この案内板のところからも入ることができる。

名神高速道路に向かって田んぼ道を進み、ガード下をくぐって山の中へ入ると、山道は少しずつ傾斜を増していく。檜《ひのき》の林を抜けて山道を登り、尾根へ出ると蓮華寺から登ってきた道と突き当たる。ここを右折すると、尾根沿いにクヌギやコナラの雑木林の道が続く。尾根道は少しずつ高度を上げ、ふり返ると木々の切れ目から米原市街や、その向こうには長浜市の高い建物も見えてくる。やがて道が大きくカーブして、「鎌刃城趾大堀切」の案内板が現れる。そこからクヌギ林の中の急な坂を登ると、ようやく「鎌刃城趾」の標柱が立つピークに到着する。

鎌刃城主郭跡

鎌刃城趾は、米原市番場の住民が立ち上げた「番場の歴史を知り明日を考える会」がまちづくりの一環として活動しているフィールドである。地域の魅力を掘り起こそうと、歴史の勉強会をする中で「鎌刃城趾」が浮かび上がり、地域ぐるみで現地調査や発掘調査に協力してきた。また、県の補助金を活用し、青龍の滝から城までの導水路である「水の手」を復元するイベントを開催したり、城跡周辺の森林を整備するなど、熱心な活動な行っている。

そこからさらに奥へ進むと、もう一つ高いピークがある。周囲には石垣なども残っており、城跡らしい雰囲気がある。平坦な広場の東側に青龍の滝の道標があり、ここを下りて行くと、やがて道は滝谷林道へと出てしまう。林道を少し下ると、ちょうど滝の落ち口にあたる場所に「(伝)水の手」の案内板があり、

　鎌刃城内へ生活用水を引いていた導水施設の一部と思われるものが青龍滝の滝口に残っている。その構造は川の両岸に掘り込みを設けて板状のものをはめ込み、水をせき止めてあふれさせたものを、岩盤を掘り込んで造った溝に流し込み、その先を木の樋でつないだもので城内へ引き込むというものであった。

とある。谷へ下りてみると、滝の落ち口には石造の不動明王の坐像が安置されている。右手に剣、左手に索《さく》(太い縄)を持っているので不動明王には違いないが、怒り狂った表情はなく、おとなしい感じの不動明王である。

不動明王像

　滝の落ち口を観察してみると、確かに岩に人工的な細工が施してあることがわかる。また、右岸側には山腹面に沿って石が溝状に並べられており、せき止められた水を導水していた跡が残っている。

　谷から戻って林道を少し下ると、滝への下り口がある。谷へ下りて赤い鉄橋を渡ると祠《ほこら》が

二つ並んでおり、その向こうに赤い鳥居がある。鳥居の前に立って正面を見ると、鳥居の四角い枠の中に青龍の滝がうまく納まった。

この谷は集水区域も小さく滝も上流にあるため、水量はやや少ない。しかし、白い水は切り立った岩の上から正しく下へ流れ落ち、規模が小さいとはいえ正統派の滝である。滝壺はないが、水が落ちるあたりには岩の台のようなものがあり、行場になっているらしい。

滝の上部は溝状のスロープになっており、人の手が加えられていることがわかる。垂直の岩壁は水に濡れたところだけが黒光りし、周囲にはシダやコケが生えていて、いかにも日本的な滝である。周囲はほとんど杉林だが、滝の周囲にはカエデなどの広葉樹が残されており、浅い緑色の枝が滝に向かって枝を伸ばしているのがみずみずしい。


いかにも森厳とした雰囲気がするのは、この滝が貴重な水の象徴として、神聖視されてきたためだろう。

地元の人々から信仰され、大事にされてきた各地の滝も生活スタイルや価値観の変化によって、それを見る目や扱い方が変わってきている。そんな中で、「番場の歴史を知り明日を考える会」が鎌刃城趾と青龍の滝の関係を発掘し、「水の手」の再現などによって城跡と滝を一体的に守り、しかも町おこしとしても活用していることは注目に値する。

開発などによって滝やその周囲の自然が失われたり、人との関わりの希薄化によって放置され、荒廃する例が数多く見られる中で、これからの滝との関わり方や保存、あるいは再生のあり方の一つのモデルとも言えるのではないだろうか。

33

漆《うるし》が滝

霊仙三蔵の出生にまつわる伝承をもつ優雅な滝

［所在地／米原市上丹生］

【アプローチ】 醒井駅前から養鱒場方面に向かい、上丹生の集落の分岐を左に入ってしばらく進むと、林道終点（登山口）に着く。ここから登山道を一時間半ほど登ると漆が滝がある。

米原市上丹生《かみにゅう》は木彫りの里と呼ばれ、十九世紀初頭に上田長蔵、勇助兄弟が京の都で彫刻師としての修行を終えた後にこの地へ戻り、霊仙《りょうぜん》山周辺の良質な木材資源を活用して、社寺建築における彫刻、仏壇彫刻、欄間《らんま》などの装飾性の高い木彫品を生産し始めた。現在も木彫りを営む家が数多く残っているが、他に錺金物《かざりかなもの》、漆、木地師《きじし》などの家が残り、これだけの技術者が一つの集落に集まっているのは全国的にも珍しいということである。

丹生という地名は丹《に》を産出する場所という意味で、全国各地に同様の地名が数多く見られる。丹というのは硫化水銀の赤土のことで、丹砂《たんさ》、朱砂《しゅしゃ》、辰砂《しんしゃ》ともいい、赤色の顔料に用いられるほか、これを煮詰めると水銀ができる。

また、この近くにある下丹生古墳は、息長《おきながの》丹生真人《にうのまひと》の一族の墓であると伝えられている。息長氏は天野《あまの》川（息長川）の流域一帯に勢力を張った古代豪族で、息長宿禰王《おきながのすくねのみこ》の娘で応神天皇の母でもある神功《じんぐう》皇后がこの一族から出るな

霊仙山

ど、天皇家と深い関わりを持つ氏族である。

　息長丹生真人はこの息長氏から分かれた一族で、先に述べた「丹」が赤色の顔料であることから、朝廷の画師・画工集団として活躍したと言われている。

　醒ヶ井から上丹生の集落へ入っていくと分岐があり、右へ行けば醒井養鱒場《さめがいようそんじょう》、左へ行けば漆が滝への道である。川に沿った道を行くと家並みが途切れ、杉林の中を進んでいく。対岸へ渡ってしばらく行くと、やがて林道は終点になり、ここが登山口になる。

　谷の左岸沿いに登山道を登っていくと、谷の向こう側には巨大な岩の壁がそそり立っている。屏風岩である。しばらく行くと、登山道は白い石灰岩の土砂がたまった谷の中へ入っていく。川幅が異様に広く、谷水が伏流して消えてしまった谷は荒涼とした雰囲気がする。さらに進むと、谷の右手に洞窟があり、黒い口を不気味に開けている。登山口の案内板にあった「こうもり穴」らしい。

道は少しずつ急になり、杉林の中を黙々と登っていくと、やがて谷がはるか下方に見えてくる。かなり高度をかせいだので滝が近いかと思われたが、道は再び下って谷に合流する。「くぐり岩」の下をくぐると、このあたりから勾配がだんだん急になり、背の低い灌木《かんぼく》の林を登り詰めると、そこが滝の手前の休憩場だった。

ベンチに荷物を置き、滝への道を登っていく。岩がごろごろする谷を渡ると、急な階段があり、これを登ると正面に漆が滝が立ちはだかっていた。

滝の右側には大きな岩壁が垂直にそそり立ち、左側も少し背は低いものの、やはり大きな岩壁が立つ。そのV字型の鞍部《あんぶ》から白い水があふれ出ているが、水量はそれほどでもなく、水がほとばしる勢いという感じではない。

砕けた水が黒い岩を滑るように、いくつもの白い玉や筋になって流れ落ちていく。下から四分の三ぐらいの高さのところに亀裂が横に走っており、そこで水が跳ねて広がっている。岩の荒々しさが際だっているだけに、白糸のように垂れ落ちる滝はむしろ優雅ささえ感じさせる。

滝の下の谷を渡り、ごろごろした岩石の斜面を登っていくと、木でしっかり作られた小祠《しょうし》が建っており、「漆が滝地蔵」と墨で書かれている。花崗岩の小さな地蔵が柄ものの前掛をつけて祠の中に座している。霊仙山は全山が石灰岩であり、花崗岩の地蔵はおそらく下から運んできたのであろう。

休憩場まで戻り、少し離れた場所から眺めた滝は、霊仙山の雄大な自然の中に見事にとけ込

漆が滝地蔵

んでいる。

ところで、この滝には、霊仙三蔵《りょうせんさんぞう》という地元出身の高僧との深い関わりが伝えられている。

霊仙三蔵は息長丹生真人の一族で、出生地は上丹生の隣の米原市枝折《しおり》であると言われている。霊仙山の山頂にあったと伝えられる霊山寺で幼い頃より修行し、奈良の興福寺に入門するが、その後に最澄、空海とともに遣唐使として海を渡った。外国語の素養が深かった霊仙は、漢語ばかりか梵語《ぼんご》（サンスクリット語。古代・中世にインドや東南アジアで公用語として用いられていた）にも精通し、唐の宮中に眠っていた「大乗本生心地観経」を漢訳した功績を認められ、三蔵の称号を授けられる。

三蔵とは、仏教の経、律、論の四千巻以上の一切経をすべて理解する大徳の僧が尊敬されて与えられる称号で、わずかにインドに四名、中国に二名、西域に一名、そして日本人では霊仙三蔵ただ一人しか与えられていない。

その後、霊仙を庇護《ひご》した唐の憲宗《けんそう》皇帝が亡くなり、反憲宗派の迫害から逃れるために仏教の聖地である五台山に逃れて修行を重ねるが、何者かに毒薬を盛られ、非業の死を遂げたという。

霊仙三蔵

平成十八年（二〇〇六）、JR醒ヶ井駅前に霊仙三蔵の像が生誕の地を記念して建てられている。

その霊仙三蔵の出生と漆が滝の由来にまつわる言い伝えが残っている。

息長丹生真人の一族である刀禰麻呂《とねまろ》は、子が生まれないことを悩んでいたが、あるとき妻の「うるし」とともに霊山寺の住職である宣教に悩みを打ち明けたところ、霊山寺の東方にある滝で身を清め、真言を称えてお祈りをした後、霊山寺の大日如来にお願いするように言われた。

そこで冷たい滝に打たれ、「何とぞ、よき男の子を授け給え」と祈ると、間もなく眠っていたうるしのもとに大日如来が現れ、首にかけていた瓔珞《ようらく》（もとはインドの貴族の装身具が仏教に取り入れられたもので、菩薩以下の仏像の首飾り、または胸飾り）の玉を一つうるしの口に落とすと、玉は腹の中に転がり込んだ。間もなく夫婦には玉のような男の子が生まれた。

幼い子は日来禰《ひきね》と名づけられ、霊山寺の宣教和尚のもとで育てられた（丹生にある霊仙七ヶ別院の一つの松尾寺で修行したとも言われている）が、一〇歳になると滝に打たれる修行をした。そこで日来禰の母が身をもって子の誕生を願った滝を「うるしの滝」と名づけたということである。『鈴鹿霊仙山の伝説と歴史』（中島伸男）によると、『日本山嶽巡礼』には、「付近に漆の木が多いから漆ヶ滝といふ」と記載されているとのことで、こちらの説を採ると、少しロマンのない話になってしまう。

上丹生が木彫の里と呼ばれ、その技術者集団の中に漆を扱う人々がいたことは、先に述べたとおりである。霊仙三蔵の母に「うるし」という名前をつけ、滝の名にしたことも、そんな上丹生や息長氏の古くからの営みと関連づければ、まったくの作り話とは言えないような気もする。

『鈴鹿霊仙山の伝説と歴史』によると、霊山寺については『興福寺官務牒疏《こうふくじかんむちょうそ》』にその存在が記載されているが、この文書は興福寺が自己の勢力を誇示する傾向が強いため、必ずしも事実とは言えない部分があるという。また、山頂付近で大寺院にふさわしい遺構などが発見されていないことから、おそらく霊仙山の山麓にあった寺院の伝承を素材にして、『興福寺官務牒疏』の編者が創作したものではないかと推定している。

また、霊仙三蔵についても、生誕から興福寺の学僧になるまでの足跡についての記録が残されていないことから、この地域の出身であるという確証はないとのことである。

そうなると、まことに味気ない話になってしまうが、霊仙山のいくつかのピーク名に経塚山や阿弥陀ヶ峰など、仏教に関わる名称が存在することから考えると、小さな寺院や祠のようなものはあったのかもしれない。

山頂には、霊仙三蔵顕彰の会が設置した看板があり、そこには「霊仙寺と霊仙三蔵法師」と題して、霊山寺の歴史や霊仙三蔵の功績などが丁寧に説明されている。

歴史の真実がどこにあるのかは別にして、霊仙三蔵の偉大な功績を、霊仙山の自然や滝を舞台にして語り伝えようとする地域の人々の気持ちは大事にしたい気がする。

フクジュソウの咲く霊仙山頂

34 五色の滝

石臼を産出した美しい渓流の滝群

［所在地／米原市曲谷］

【アプローチ】 米原市曲谷の集落から姉川ダムに向かって坂道を登っていく。寺越トンネルの手前に橋があり、そこから右に入って七〇〇メートルほど行くと登山口がある。登山道は砂防ダムの手前の山側に白い手摺りがあり、そこを登っていく。登山口から五〇分ほどで五色の滝に着く。

米原市曲谷《まがたに》の起《おこ》し又《また》谷に、五色の滝と呼ばれる美しい滝がある。曲谷の集落を過ぎて姉川ダムのトンネルの手前から右側へ入ると、砂防ダムの手前に登山口がある。

登山道は整備されており、春にはイチリンソウ、イカリソウ、チゴユリなど花の多い道である。眼下に砂防ダムを見ながら、ダム湖に注ぐ小さな谷を何度か渡り、尾根道をしばらく登っていくと、やや平坦な場所にオニグルミの林があり、そこから坂を下ると起し又谷に出る。

谷にはヤグルマソウやエンレイソウなどの大きな葉が青々と茂っている。谷沿いに山道を登っていくと、「石臼《いしうす》加工所　跡」と書かれた白い説明板が立っている。

『いろりばた　伊吹町昔ばなし』（伊吹町教育委員会編）には、「石工を教えた才仏坊」という話がある。これによると、木曾《きそ》義仲《よしなか》の右腕となって源義経と戦って破れ、残党を率いてこの地に

ヤグルマソウの群落（起し又谷）

至った進藤蔵人通広は、木曽の石工を呼び寄せて曲谷の人々に石臼の作り方を教え広めたという。後に出家して才仏坊と名乗り、曲谷の洞坊にかくれ住んでいたが、鎌倉幕府の追求が厳しいため、比叡山延暦寺にかくれ、法然や親鸞の教化を受けた。

後に再び曲谷を訪れた才仏坊は、曲谷で浄土真宗を広めるが、この地を去るにあたり、名残り惜しむ村人に次の歌を残した。

曲谷のみねにかがやく月かげのまどかな星を楽しめる月

この地は花崗岩を石臼に加工した場所の一つで、才仏坊が石臼の生業を広めて以来、石臼の里と呼ばれるようになった。

石臼加工所のすぐ横には起し又谷が流れ、その激しい水音にミソサザイの鳴き声もかき消されるほどである。谷に近づくと、上流に向かって何段もの滝が連続している。

下から二段の滝はそれほど落差のない小さな滝だが、その上の滝は大きなもので、中央の大きな岩を挟んで二筋の流れが左右に分かれて落ちている。さらにその上には、右側の岩が横を向き、奥から流れ込んだ水が岩の上を斜めに滑って落ち込むという変則的な滝がある。これらの四つの滝を下から見上げると、右奥から一段ごとに左側へ移動しながら流れ落ち、それらが全体として見事に調和している。谷に沿って生えるトチノキ、ミズナラ、カエデなどの自然林が水辺に濃い陰をつくり、何ともいえず清々しい。自然林と一体となった渓流美がこの滝群の最大の魅力である。

谷沿いの小径をさらに登っていくと、やがて少し開けた明るい場所に出て、この滝群の中で最大の滝が現れる。

花崗岩の一枚岩の上を白い水が滑り落ちるナメ状の滝である。緑濃い木々の間から白い水が噴き出し、そこから扇状に広がる丸い岩の上を水が気持ちよさそうに流れていく。思わず滑ってみたい誘惑に駆られるが、実際はかなりの傾斜がある。

滝の幅が広いせいか、ここだけが広い空間になって、太陽光線が直接差し込んでくる。先ほどまでの緑陰の滝群とは違い、キラキラと明るい印象である。

滝の右側の踏み跡を登り、滝の上に立って見下ろすと、下から見上げたときとはまったく異なる風景があった。平らに見えた岩には溝があり、白い水はその溝に沿って蛇行しながら落ちていく。

ところで、五色の滝とはどういう意味だろう

滝群の一つ

か。一つの滝のことではなく、五つほどの個性の違った滝群を五色と表現しているのだろうか。あるいは最も大きなナメ状の滝が陽の光に照らされて、五色に見えることがあるのだろうか。

これほど近くにありながら、石臼の伝説と五色の滝の間に関連らしきものは見つからない。しかし、五色の滝がどこかロマンを秘めているように感じられるのは、この滝が石臼の里の人々の営みやその歴史を眺めてきたからかもしれない。

35

釈神《しゃくしん》の滝

大吉寺の歴史を見守る涼やかな滝

［所在地／長浜市野瀬町］

【アプローチ】国道三六五号の草野川橋北詰交差点から草野川に沿って遡り、「健康パークあざい」の少し手前から橋を渡って野瀬の集落に入る。「寂寥山大吉寺」の石碑を右折して登ると、大吉寺に着く。大吉寺本堂の左の道を進むと、下からの道に合流し、間もなく終点になる。ここから約一五分登ると釈神の滝がある。

長浜市野瀬町は姉川支流の草野川左岸にあり、集落に入ると「寂寥山《じゃくりょうざん》大吉寺」と彫られた大きな石碑が建っている。ここから山の中へ入っていくと、間もなく大吉寺に着く。駐車場脇の案内板によると、大吉寺は貞観《じょうがん》七年（八六五）の創建と伝えられ、平安時代後期に平治の乱で敗北した源氏の一行が東国へ落ちのびる際に、源頼朝《よりとも》がこの寺にかくまわれたことが「吾妻《あづま》鏡」や「平治物語」に記されている。

また、室町時代には祈禱《きとう》寺として幕府の保護を受けていたが、戦国時代になると六角定頼《ろっかくさだより》や織田信長などの兵火によって焼失し、寺院は衰退していった。

創建当時は天吉寺山の山頂付近に堂塔が建設され、現在も本堂跡、門跡、塔跡、鐘楼跡、閼《あ》伽《か》池などが残され、滋賀県指定史跡になっている。また、鎌倉時代後期に一切経《いっさいきょう》を求めて唐へ渡った覚道上人《かくどうしょうにん》が入定《にゅうじょう》したという石窟も

大吉寺の石碑

残っているという。

現在は山麓に本堂、庫裏《くり》、山門のみが残る小さな寺院になっている。

山門をくぐり、石段を登ると少し高台になったところに小さな本堂が建っている。周囲は山に囲まれ、杉やカエデの木立が陽射しを遮って、境内に濃い影を落としている。まさに山寺という感じで、清掃も行き届き、雰囲気のよい場所である。

本堂の左手の道を進むと車で上ってきた道に出て、そこを進むと間もなく終点になる。ここから遊歩道を登っていくと、やがて谷の横に四阿《あずまや》が見えてくる。下りていくと、四阿の向こうに小さな滝があった。

規模は小さいが、端正な姿をした滝である。近づくと、汗ばんだ体がひやりとした空気の圏内に入り込み、汗がすっと引いていく。

水は上段からまっすぐに落ちてきて、右へ折れ曲がりながら少し裾を広げる。広がった水しぶきを右下の岩が受け止めて谷へと流していく。その姿は少し腰をひねった貴婦人のようでもある。青々としたシダが真っ黒な岩に生え、水しぶきを受けた緑が陽の光を浴びてみずみずしい。

滝をあとにして、遊歩道をさらに登っていく。急な登りを折り返すと、下に四阿と滝が見えている。滝の上流は太い立派な杉の人工林で、そのさらに上方に陽に照らされた白いものが輝いている。近づいてみると、それは巨大な岩壁であった。駐車場の案内図にあった平岩らしい。大吉寺は貞観七年（八六五）の創建とのことだが、おそらくそれ以前もこの岩は神の降臨する岩座《いわくら》として、土地の人々の信仰を受けていたのではないだろうか。平岩や釈神の滝、そして天吉寺山そのものが信仰の対象であり、そういう場所を選んで大吉寺が開山されたのかもしれない。

大吉寺

来た道を引き返すと、再び釈神の滝の涼やかな音が聞こえてきた。滝の前に立つと、黒々とした岩の間から清冽な水がほとばしっている。この水は上流にある平岩や天吉寺山から集められてきた水である。釈神の滝はいわば周囲の山や岩や自然そのものの象徴として、また大吉寺の歴史の証人として、地域の人々の信仰を集めてきたに違いない。

そう思うと、この小さな滝の存在感が最初に見たときよりも大きくなったような気がしてきた。

36 高山・夫婦《めおと》の滝

［所在地／長浜市高山町］

湖北の山中に寄り添う似たもの夫婦

【アプローチ】 国道三六五号の草野川橋北詰交差点から草野川に沿って遡り、約一〇・二キロメートルのところにある高山キャンプ場が登山口である。登山口から滝谷林道に入り、林道終点から遊歩道を進むと、キャンプ場から約一時間で高山夫婦の滝（雌滝）に着く。雌滝から雄滝までは徒歩約五分。

夫婦の滝と名のつく滝は全国に数多くあり、滋賀県でも大津市葛川坊村《かつらがわぼうむら》町の白滝谷にある夫婦の滝が有名であるが、湖北にも夫婦の滝がある。

草野川を遡って流域最奥の集落である高山を過ぎ、さらに進むと高山キャンプ場に着く。ここで草野川は東俣谷《ひがしまたたに》川と西俣谷川の二つに分かれるが、夫婦の滝は東俣谷川の支流である滝谷にある。キャンプ場から滝谷林道に入り、やがて林道が終わって杉林の中の遊歩道を進むと、谷が二つに分かれている。谷に入ると左側に最初の滝、雌滝が現れた。

雌滝は黒い大きな岩壁で、落差は相当なものである。しかし、水量が少ないせいか、やや滝らしさに欠けるところがある。岩の周囲にはさまざまな植物が張りつき、滝の上方からも広葉樹が覆い被さり、滝の漆黒の岩がそれらの緑を生き生きと映えさせている。

黒い岩肌には横向きの線が何本も入っており、下部に最も太い線、というより裂け目が横に走っている。それを口に見立てると、少し口を開いて笑う老婆の顔に見えるのは、この滝が雌滝だという先入観のせいだろうか。

滝の右側に踏み跡があり、登っていくと、その先に雌滝と同じタイプの滝があった。

こちらは雄滝というだけあって落差はさらに大きいが、やはり岩壁の立派さに比べると水量が少ない。近づくと、滝のまわりの冷たい空気がさわやかで、滝の直下まで進むと、さらにもう一段、体感温度が下がった。

キャンプ場の看板によると、雄滝の落差は三〇メートルあり、滝の直下から見上げると、垂直にそそり立つ黒い岩壁に圧倒される。岩肌には細かい凹凸があり、落ち口からあふれた水はその出っ張りに当たって砕け、大粒の水玉や細かい霧となって降り注いでくる。周囲にはフキ、アザミ、ギボウシ、ワサビなどが水滴を浴びている。

それにしても、この夫婦の滝は葛川の夫婦の滝とはいろんな面で違っている。最も大きな違いは、葛川の方は一つの滝に二つの流れが同居しているのに対し、こちらは雄滝と雌滝の独立した二つの滝があることである。

また、葛川の方は二つの流れが同等で夫と妻の区別がつかないが、高山の方は夫の方が大きく力強く、妻の方がやや小さく控え目である。人間の世界でもそうであるように、滝の世界の夫婦にもいろんなタイプがあるらしい。

雄滝の方は規模といい、岩の迫力といい、それだけでも立派な滝である。しかし、何となくそれだけではもの足りないような気がする。やはりこの滝は、雄滝と雌滝の二つが揃うことでバランスが取れている。しかも規模の大小はあるものの、どちらも同じようなタイプの、まさに「似たもの夫婦」である。

37 経《きょう》の滝

写経の僧が身を清めた爽やかな滝

［所在地／長浜市木之本町杉野］

【アプローチ】国道三〇三号を杉野川に沿って進み、杉野の集落で左手の旧道に入る。少し進んで左折すると網谷林道に入り、その奥に登山者用の駐車場がある。登山口（駐車場）から白谷に沿って登っていくと、約一時間半で経の滝に着く。

横山岳（一一三一・七）は、標高こそ伊吹山（一三七七・三）や金糞岳《かなくそ》（一三一七）に及ばないが、そのどっしりした山容の立派さだけではなく、多彩な花や美しいブナ林など自然の豊かさから登山者の人気が高い。

国道三〇三号を杉野川に沿って遡っていくと、やがて杉野の集落へと入っていく。かつてこの奥に銅などを採掘した土倉《つちくら》鉱山があった頃、杉野の町はそこで働く人々で栄え、映画館まであったという。

国道から左の旧道へ入り、川の手前で左折して網谷林道に入る。川に沿ってしばらく走ると、白谷出合《であい》に到着する。ここが横山岳の登山基地で、駐車場も整備されている。

登山者に交じって白谷を登っていく。春にはニリンソウ、ミヤマカタバミ、エンゴサクなど花の多い道である。

横山岳は古くから山岳信仰の霊場として栄え、横山神社が祀られていた。その起源は、五九三年に横山岳の五銚子《ごちょうし》の滝の上にある杉の大樹に祭神である大山祇神《おおやまつみのかみ》が降臨し、その杉の木を取って神像を彫刻したことに始まるという。

その後、経の滝の近くに社殿を遷し、横山神社の本殿や社殿、馬頭観音堂など二十を超える建築物が建ち並んでいたという。また、五銚子の滝付近には奥の院もあったとのことである。狭い渓谷に多くの神社建築物が立ち並んでいたことは想像できないが、俗に「敷地」と呼ばれる地名も残っているという。

現在、横山神社は杉野の集落から少し金居原《かねいはら》寄りの山裾に遷っている。杉の大木に囲まれた敷地の中に本殿と拝殿があり、その直角方向に祠《ほこら》が三つ並んでいる。

一方、長浜市高月町にも横山という地名があり、ここにも横山神社がある。白谷にあった馬頭観音像を遷座《せんざ》したとのことで、水田に囲まれた平野の細長い森の中に、意外に立派な社殿が建っている。こちらの横山神社は江北《ごうほく》四家の一つである磯野氏の庇護《ひご》を受けたため大いに栄えたが、本社たる杉野の横山神社の方が衰退してしまったことが『近江伊香《いか》郡志』に書かれている。

このあたりから望むと、横山岳は前衛の山々に遮られて見ることができない。なぜこの地に横山神社が遷されたのだろうか。横山神社の主神は大山祇神であり、形の良い独立峰である横山岳は、まさに神の居ます山であった。遠くから眺めると穏やかそうな神体山も、一歩その中に踏み込むと厳しい自然がある。谷や崖や滝は神に仕える神官や行者たちにとって聖なる地であっただろうが、同時に自然の厳しさ、特に冬の気候の厳しさは想像を超えるものがあった。また、大雨や台風による土石流や土砂崩れなどもあっただろう。そんな場所で神社を維持し、運営することの困難さは容易に想像がつく。里への移転を余儀なくされ

長浜市高月町の横山神社

たのも当然のことだろう。

　しかし、同時に山の神は恵みの神でもあった。湖北の田園地帯と横山岳を含む山岳地帯は、水を通して古くから濃厚なつながりがあったはずである。横山神社がこの平野部へ遷されたのも、そんなつながりによるものかもしれない。

　白谷を登っていくと、やがて一つ目の滝、経の滝が現れる。経の滝は案内板によると、もともとこの地にあった横山神社の神主や社僧たちが大般若《だいはんにゃ》波羅《はら》密多《みった》経《きょう》の書写にあたり、この滝で身を清めたことがその名の由来である。

　滝の前は登山者の憩いの場になっている。濃い緑に囲まれた黒い岩肌に、真っ白な水が流れ落ちている。そばに咲くタニウツギの花弁の鮮やかなピンク色が、滝の風景に一つのアクセントを与えていた。滝にはやや傾斜があって滑るように落ちていくが、ざらざらした岩肌で泡立った水がその白さを際だたせている。

　滝の周囲には大きな木が少なく、全体に明るい雰囲気である。岩壁や谷の周囲には、ギボウシ、アカソ、フキ、ウワバミソウなどの植物が緑濃く生えている。

　一団の登山者が休憩を終えて去っていくと、滝のさわやかな音が一層際だち、身も心も洗われる気がする。

38

五銚子《ごちょうし》の滝

御神酒との関わりを示す横山岳水源の滝

［所在地／長浜市木之本町杉野］

【アプローチ】 経の滝から登山道をさらに登ること約四〇分で、五銚子の滝に着く。

経の滝の右岸側を高巻きして、傾斜が増していく山道を登っていくと、やがて谷が左側へ大きくカーブする。そこを登り詰めると合流点があり、右側の谷に五銚子の滝が見えてくる。

一番下に幅の広い滝があり、その上に最も大きな直瀑がある。さらにその上に左右から二つの滝が合わさっている。これで全部で四つだが、一番下と二番目の間にもう一段小さな滝があるし、上部の滝も幾筋かに分かれているように見える。

下から見ると、全体のバランスが良い。五銚子の滝のいわれは、横山神社に捧げる御神酒《おみき》の銚子をこの滝で清めたことであると言われ、また五つの滝から成っていることから呼ばれたともいう。

合流点からもう一段上ったところに休憩場がある。そこから見上げると、滝群がYの字に見える。

最も大きな滝は美しい直瀑であるが、水量が少ないため、白い水が幾筋もの糸のようにしたたり落ちている。その糸が小さな粒になって消えていくので、水の筋がまるで老人の白髭のよ

白谷と横山岳

うにも見える。そう思って見ると、上部の二つの滝が白い眉毛を連想させ、全体が白髭の翁《おきな》の顔のようにも見える。

最大の滝の下は草原状の斜面になっており、上部からはサワシバ、カエデ、トチノキなどの落葉樹が濃い緑の陰を投げかけている。

ふり返ると、はるか下に集落が見えている。滝ばかりに気を取られていたが、ここは標高の高い場所で、絶好の見晴台になっている。

水源の象徴としての滝から集落を見下ろすと、水と人々の結びつきを実感させられる。五銚子の滝の由来が御神酒の銚子に関係していることは先に述べたとおりだが、御神酒の原料が米であるとすると、滝→水→稲作→米→酒（御神酒）というように結びつく。こじつけのようだが、こんなところから滝と集落の関わりを探ることもできそうである。

高島地域

若狭湾
福井県
三国山
赤坂山
40. マキノ・不動の滝
39. 調子が滝
マキノ高原
303
知内川
竹生島
石田川
おうみいまづ
百里ヶ岳
44. コモンバの滝
高島市
針畑川
旧秀隣寺庭園
42. 柏・不動の滝
朽木いきもの
ふれあいの里
41. カツラ滝
蛇谷ヶ峰
JR湖西線
琵琶湖
安曇川
鴨川
多景島
43. ヒジキ滝
釣瓶岳
ガリバー青少年
旅行村
46. まぼろしの滝
45. 八淵の滝
沖島
京都府
近江八幡市
野洲市
守山市
竜王町

39

調《ちょう》子《し》が滝

銚子を傾けた姿を表す花崗岩の明るい滝

［所在地／高島市マキノ町牧野］

【アプローチ】 高島市役所マキノ支所からメタセコイア街道を進み、スキー場へ上がっていくと、マキノ高原管理事務所に着く。スキー場の中の道を登っていくと、右手に赤坂山登山口があり、さらに舗装道を進むと、やがて車道は終点になる。そこから遊歩道を登っていくと、調子が滝がある。管理事務所から調子が滝まで徒歩約四〇分。

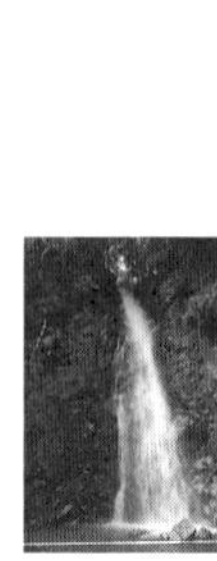

マキノ高原から西を望むと、三国《みくに》山（八七六・三）、赤坂山（八二三・八）、大谷山（八一三・九）などの峰々がたおやかに伸びている。ごつごつした岩山ではなく、なだらかで優しい感じの山並みで、早春には遅くまで雪が残っている。

　これらの連山の麓、斧研《よきとぎ》川の上流に調子が滝と不動の滝の二つの滝がある。

　マキノ高原管理事務所からスキー場の中の道を登っていく。赤坂山の登山口を通り過ぎ、橋を渡って舗装道路を進む。谷が二つに分かれたところを左へカーブして進むと、やがて車道は終わり、ここから遊歩道になる。

　木橋を渡り、急な坂道を登り詰めて少し行くと、道は谷川の手前で行き止まりになる。「調子が滝」の標識があり、谷の奥に滝があった。

　落差はそれほど大きくないが、豊富な水が左の奥から豪快に吹き出している。ほぼ直瀑に近い正統派の滝で、狭い落ち口から吹き出した水が、やや末広がりに滝壺へ落ち込んでいる。滝壺は

早春の赤坂山

谷から一段高いところにあり、上がってみると砂や石に埋まりつつあった。

「銚子」や「調子」などの名の付く滝や山は全国にあり、鈴鹿山脈にも銚子ヶ口（一〇七六・八）という山がある。調子が滝の「調子」は五銚子の滝（191ページ）でも触れたように、御神酒《おみき》の銚子に由来していると言われている。すなわち滝を落ちる水が銚子を傾けて杯に注ぐ様子に似ていることから来る連想とも、あるいは御神酒を入れる銚子を滝水で清めたことによるとも言われている。

『高島郡誌』に「調子ヶ瀧」の説明がある。

西庄村大字牧野字銚子谷（牧野の人家を距る約二十町）に在り。知内川の上流斧研川《よきとぎ》の花崗岩壁に懸れるものにして三折す。一ノ瀧は高さ七間、東に向ひて落下し、銚子の口より落つる状を呈すれば其名を得たり。二ノ瀧は高さ四間、南に向ひて落下す。三ノ瀧は高さ六間、北に向ひて落下す。何れも大なる瀧壺なし。

滝の名の由来が「銚子の口より落つる状を呈すれば」と明確に記載されている。銚子が滝は『高島郡誌』によると一ノ瀧で、この奥には二ノ瀧と呼ばれる不動の滝がある。もしかすると「調子」の意味には不動の滝で行われる神事や御神酒が関係しているのかもしれない。

滝の前が開けているせいか、あるいは周囲の花崗岩特有の色合いからか、滝によく見られる暗さよりも、むしろ明るくてさわやかな印象の強い滝であった。

40 マキノ・不動の滝

滝の岩壁に不動明王を祀る雨乞い神事の場

［所在地／高島市マキノ町牧野］

【アプローチ】調子が滝の横から踏み跡を登り、滝を巻いて進むと約一五分で不動の滝に着く。

「調子が滝」の横から踏み跡を登っていくと、急斜面を何度か折り返して滝を高巻きする。雪で根曲がりした樹木の生える急斜面にロープが垂らされており、そこから谷へ下り立つと、薄暗い谷の奥に滝が見える。道はなく、廊下状の谷の中を進んで滝の直下にたどり着く。

マキノ・不動の滝は『高島郡誌』の二ノ瀧で、調子が滝とはまったく性格の異なる滝である。調子が滝がオーソドックスな直瀑であるのに対し、こちらはやや低い二条の滝である。しかも奥にはもう一つの落差が片方だけあるという複雑な構造になっている。

水量が豊富なので、小さいながらも迫力が感じられる。清冽な水の流れが少し赤黒い花崗岩の岩肌を滑るように流れ落ちる。岩の凹凸に当たって砕けた水は、いくつもの細い流れとなって滝壺へと落ちていく。

滝壺には土砂がたまって浅くなっており、落ちた水が滝壺の石に当たって、大音響を発している。その音が廊下状の岩に反響して、サラウンド効果を高めている。

滝の前にはまだ青いリンゴが供えてあった。見上げると、岩壁に三角形の空洞があり、その中に小さな不動明王像が祀られている。長い剣を右肩の前に立てかけ、左手には輪にした索《さく》を掛け、背後の火炎はめらめらと燃えている。両目はつり上がり、小さいながらも不動明王の威光をあたりに放っている。毎年八月二八日には、この場所で雨乞神事が行われるということである。

不動明王

調子が滝までは遊歩道があるので、多くの人々が訪れるに違いないが、不動の滝まで足を伸ばす人は少ないだろう。いかにも陽性な調子が滝に比べて、こちらは谷の底で薄暗く、地味でもある。しかし、宗教的な行事にはこの雰囲気の方がふさわしい。

早春、三国山、赤坂山などの山々に斑《まだら》模様の雪が残っているのが、琵琶湖岸から見える。これらの水源の山々と琵琶湖とは知内川を通してつながり、その水系の途中に二つの滝がある。調子が滝の「調子」が水と人との関わりを示し、不動の滝もまた水にまつわる行事が行われている。

水を介して山と川と湖がつながり、そこでの暮らしや農業に欠かせない水源の象徴として滝がある。二つの滝は、近江の滝の最も特徴的な姿を表していると言えるだろう。

41 カツラ滝

カツラの大木群を引き立てる名脇役

［所在地／高島市朽木柏］

【アプローチ】高島市朽木柏《くつきかせ》にある朽木いきもののふれあいの里が登山口になる。ここからカツラ谷（指月谷）経由で蛇谷ヶ峰に至る登山道に入り、徒歩約一時間でカツラ滝に着く。蛇谷ヶ峰への登山道は他にもあるので、注意が必要である。

蛇谷《じゃだに》ヶ峰（九〇一・七）の朽木側にカツラ谷という美しい谷があり、そこにカツラ滝がある。カツラ滝は蛇谷ヶ峰への登山路の途中にあり、朽木いきもののふれあいの里が出発点になる。

アカマツやコナラの明るい林の中の道を進み、谷へ入ると早くもカツラの木が一本現れる。尾根道をしばらく進み、いくつかの谷と尾根を通り過ぎて、大きく回り込みながら谷へ下りていく。下りたところがカツラ谷である。

広い谷にコケのついた岩がごろごろしており、その岩の間からカツラの大木が何本も立っている。天を突くかのようにそそり立つ大木の姿には、畏敬の念を覚えさせるものがある。

カツラのほかにもサワグルミ、オニグルミ、トチノキ、イタヤカエデなどの広葉樹が明るく清々しい林を形成している。滝を見に来たはずだが、カツラの大木群だけでも十分にすばらしく、そのまま帰ってもよいと思えるほどである。

そのカツラの大木群の奥に滝が見える。カツラが大きくて立派なだけに、滝がずいぶん小さく見える。

　しかし、じっくり見ていると、まるで日本庭園の滝のように周囲の自然に溶け込んでおり、苔むした岩山の間から白い水が流れ落ちてくるのも風情がある。滝の右側にはこんもりとした山があり、イタヤカエデの木が二本、岩に張りついている。反対側の山にはヤブツバキの分厚い濃緑の葉が、陽の光を受けて白く輝いている。

　滝の規模は小さめで迫力にも欠けるが、いかにもさわやかな音を立てながら、カツラ谷のアクセントとしての役割を果たしている。

　そこから谷を渡って登山道を登ると、小さな滝がいくつか連続して現れる。やがて谷を大きく回り込むと、滝群中最大の滝が見える。何段かの滝になっているようだが、木々の枝に隠れてその全貌はわからない。

　滝を高巻きしながら登ると、滝にかなり接近

カツラの大木群

する。左上から落ちた水は、黒光りした丸い岩の上を滑るように落ち、そこから何段かの落差を落ちていくようだが、ここからはよく見えない。結局、滝全体の構造はわからないが、最上段から下までの落差はかなりありそうである。

核心部はこのあたりまでで、そこから上流にはこれといった滝はない。しかし、谷の両岸に

カツラ滝（最上流の滝）

はサワグルミなどの樹木が点在し、美しい渓流はなおも続いている。

カツラ滝は一つの滝の名称ではなく、いくつかの滝の総称のようである。一つひとつの滝は迫力に欠け、地味な印象だが、何と言っても滝を含む渓流全体がすばらしい。カツラを中心とした自然林と滝を含む渓流が一体となって、美しい景観を形成している。見ようによっては、カツラ谷の主役はカツラの大木群であり、カツラ滝はそれらを引き立たせる名脇役とも言えるだろう。

42

柏《かせ》・不動の滝

［所在地／高島市朽木柏］

興聖寺不動明王が逃れ住む蛇谷ヶ峰山麓の滝

【アプローチ】高島市朽木柏の集落から桑野橋方面に向かって進むと、上柏のバス停の先にコンクリート舗装された道路が山に向かって入っており、ここを登っていく。右下の谷に治山ダムがあり、その少し上流側から下りて谷を渡り、杉林の中の薄い踏み跡をたどっていくと、指月谷の支流がある。適当な場所から谷へ下りて遡っていくと、不動の滝がある。上柏のバス停から不動の滝まで徒歩約二〇分。

「不動の滝」と名の付く滝は県内にもいくつかあるが、高島市朽木にも同名の滝がある。柏《かせ》の集落から桑野橋方面に向かって進み、上柏のバス停を過ぎて少し行くと、左側にコンクリート舗装された道路が山に入っている。

道路と平行して右側に流れる谷が指月《しげつ》谷であり、カツラ滝はこの上流にある。『山と高原地図45 比良山系』（昭文社）によれば、この谷の支流である滝ノ谷に「不動の滝」の表記がある。

杉林の中を登っていくと、谷はいったん道路から離れていくが、やがてまた道に近づいてきて、治山ダムの少し上流側に谷へ下りる踏み跡がある。ここを下りて谷を渡り、杉林の中の薄い踏み跡を辿っていくと、やがて指月谷の支流が現れる。支流に入って杉林の中を進むと、谷の両側が迫ってきて、滝のにおいがしてくる。

適当な場所で谷へ下りて、岩がごろごろする中を進むと、両側が廊下状になる。周囲は鬱蒼《うっそう》とした杉林で、しかも狭い谷の両側が切り立っているため、谷の底は異様に薄暗い。

やがてその薄暗い谷の向こうに白い滝の水が見えてきた。谷には大きな岩がいくつも転がり、滝の直下にも大きな岩があって全容がなかなか現れない。滝のそばまで来ると、ようやく不動の滝がその姿を現した。支流にしては水量が多く、流れ落ちる姿はなかなか迫力がある。

滝の周囲の岩は苔むして、そのくすんだような緑にまじってイワタバコが鮮やかな緑の葉を広げている。

滝の落ち口は岩に隠れて、岩の間から水が突然のように吹き出る。水は滝の上段で跳ね上がり、大きく広がりながら左へ向かって流れ落ちていく。周囲が薄暗いせいか、滝水がひときわ鮮やかに白く浮き立ち、幻想的な雰囲気がする。

滝の所在地の高島市朽木柏は、町村合併前は高島郡朽木村大字柏で、柏餅《かしわもち》の柏の字で「かせ」と読む。この柏の指月谷に、かつて興聖寺《こうしょうじ》という寺があった。嘉禎《かてい》三年（一二三七）に曹洞《そうとう》宗の宗祖である道元禅師が越前の永平寺へ向かう途中に立ち寄ったが、この地が宇治の興聖寺に似た風景であることから、ここに興聖寺を創建するよう領主の佐々木信綱《のぶつな》に勧めた。ところが江戸時代になってこの寺に火災が起こり、その時に不動明王が逃げられたのがこの滝だそうである。

その後、興聖寺は安曇《あど》川の対岸の岩瀬にあった秀隣寺《しゅうりんじ》に移されたという。秀隣寺はこの火災からさかのぼる大永八年（一五二八）、室町幕府の十二代将軍である足利義晴が三好《みよし》氏反乱の際に朽木氏を頼って難を逃れ、滞在した場所である。朽木氏は足利義晴をなぐさめるため、蓬《ほう》萊《らい》山水の庭園を築堤した。

現在もこの庭園は興聖寺（旧秀隣寺）庭園として、多くの観光客が訪れる。また、庭園は白洲正子がその著書である『かくれ里』や『近江山河抄』の中でも紹介し、これを絶賛している。

興聖寺庭園と借景の蛇谷ヶ峰

その庭園が借景とする蛇谷ヶ峰の山麓に興聖寺の前身があり、因縁めいた経緯があることは意外に知られていない。
少し薄暗くて人の気配の少ないこの滝の近くに、かつて立派な寺院があったことは今では想像すらできない。しかし、滝までの道のりに薄い踏み跡があるところをみると、今でも地元の人々が訪れているようである。おそらく旧興聖寺が焼けて滅んだ後も、不動明王の住まわれる滝として、地元の信仰を集めてきたのだろう。
そういえば、先ほどの治山ダムの上流側に取水施設が見られたが、現在もこの谷は人々の生活に深く関わっているようである。
戦国大名の攻防や由緒ある寺の盛衰と不動の滝との関係には大いに興味を惹かれるが、滝自体は昔も今も変わりなく、重要な水源として水を落とし続けている。

43 ヒジキ滝

美しい自然を背景に立つ黒々とした二段の滝

［所在地／高島市朽木栃生］

【アプローチ】 高島市朽木栃生の国道三六七号の山側に駐車スペースがあり、湧水と地蔵がある。ここが登山口で、標識に従って登山道を登っていくと、コメカイ道が左に分かれている。ここを入り、しばらく進むとヒジキ滝に着く。登山口からヒジキ滝までは一時間半ほどである。

比良山地北部の釣瓶《つるべ》岳（一〇九八）と蛇谷《じゃだに》ヶ峰（九〇一・七）の間にある地蔵山（七八九・七）の中腹にヒジキ滝がある。ヒジキ滝は高島市朽木栃生《とちゅう》から釣瓶岳への登山道に取り付き、ホトラ山の手前の分岐点からコメカイ道に入って、地蔵峠との中間点付近にある。

大津市葛川梅ノ木町から国道三六七号を北上すると高島市朽木に入り、その先の右側の駐車スペースに地蔵と湧水がある。ここが登山口で、山へ入る場所には釣瓶岳への登山標識が立っている。登っていくと舗装道はすぐに終わり、二軒ほどの人家の横を通って山へ入っていく。杉林の中の急な登りで汗が出てきた頃、尾根に取り付く。ここが『山と高原地図45 比良山系』にある四四九メートルのピークになる。

このあたりから尾根道になり、アカマツ林が美しい。しばらく登っていくと、コメカイ道出合に着く。右へ行けば釣瓶岳、左へ入るとヒジキ滝を経て地蔵峠に至る。

コメカイ道は山腹を巻く道で、地図では難路になっているものの、踏み跡もしっかりしており、傾斜も少なく歩きやすい。自然林の気分のよい道で、トチの大木が道沿いに何本も生えている。道は支尾根と渓流を何度か回り込みながら進む。横断する谷はいずれも小さなもので、滝がありそうな感じはない。

やがて一つの支尾根を越えて、少し大きめの谷に入っていく。谷の両岸は深く切れ落ち、明らかに今まで通り過ぎてきた谷とは違う。登山道から離れ、谷の奥を覗いてみると白い筋が目に入った。薄暗い谷の奥に白い滝が浮かび上がっている。ガラガラした岩や倒木を乗り越えながら谷を詰めると、ようやく滝に着いた。

ヒジキ滝は二段の滝で、上段と下段を合わせるとかなりの落差がある。滝の上部には杉や広葉樹が生えているが、落差が大きいため、木々が遠くに見えている。

谷へ入ると、そこは木のない広い空間になっている。滝壺の前まで近づくと、滝の上部が視界から消え、下段の滝だけが目の前に立ちはだかる。これだけでもなかなかの滝で、中段のポケットから吹き出た水が広がりながら豪快に落ちている。

滝壺は土砂や流木で埋まっており、水が直接岩をたたいている。周囲の岩にはコケやシダ、ウワバミソウがびっしりと生えて、深い緑色で覆われている。

「ヒジキ滝」をワープロで打ち込むと、「ヒジキ炊き」と変換されてしまう。水の流れ落ちる岩があまりにも真っ黒なので、思わずヒジキの色を連想したが、滝の名の由来とは関係がなさそうである。

滝までの道のりには、アカマツの美しい林やトチノキの大木など見どころも多く、そうして

地蔵と湧水のある登山口

たどり着いたヒジキ滝は、意外に立派である。滝そのものだけでなく、行程を楽しみながら訪れてみると、近江の滝の中では知名度の低いこの滝が思わぬ掘り出し物であることに気がつく。

44 コモンバの滝

子母婆がお参りする優しくもほほえましい滝

［所在地／高島市朽木小入谷］

【アプローチ】高島市朽木小入谷の集落を奥に向かって進み、小入谷林道の起点付近から右へ大倉谷林道を入る。林道終点から谷へ入った右側にコモンバの滝がある。大倉谷林道は道路の状況が良好とは言えないので、林道起点か途中の駐車スペースから歩く方がよい。大倉谷林道起点から歩くと、コモンバの滝まで約一時間。

高島市朽木小入谷《おにゅうだに》にコモンバの滝という変わった名前の滝がある。

小入谷の地名は「漆が滝」のページで触れた「丹生《にゅう》」が転じたものらしく、水銀などの鉱物の産地に関係しているようである。このあたりの地図を見てみると、尾根をはさんだ福井県側（小浜市）にも、表記こそ違うが同じ発音の遠敷《おにゅう》川があり、やはりこのあたり一帯に「丹《に》」を産出する場所があったものと思われる。

小入谷の集落を奥へ進むと、広い河原に沿って小入谷林道が山に向かって続いている。コモンバの滝へは、小入谷林道の起点付近から右へ大倉谷林道を進む。林道を入るとすぐに本流を渡る洗越《あらいごし》があり、これを渡って進むと杉林と雑木林が交互に現れる。

やがて林道は終点になり、「コモンバの滝」と書かれた木の案内板が立っている。「ココンバの滝」と表示されることも多いが、ここでは「コモンバの滝」と呼ぶことにする。

「コモンバの滝」の意味を調べてみると、「子母婆」と書いてコモンバと読むらしい。つまり、子、母、婆の三代の滝ということらしいが、詳しい由来は分からない。コモンバがなまってコンバになったという説もあるようだが、いずれにしても滝の名称としてはかなり変わっている。

　林道終点から谷に入り、木の橋を渡るとすぐ右側にコモンバの滝がある。滝は大倉谷の本流ではなく、支流が合流する出口にある。水量が少ないせいか、豪快さにはやや欠ける。印象から言えば、優しい感じの滝である。

コモンバの滝（本流の滝）

　水は上部でまっすぐにトンと落ちて、すぐに左へ大きく折れ曲がり、斜めに流れていく。なぜこれほど横へ流れていくのか、不思議な感じさえする。黒い岩壁には波打つような褶曲《しゅうきょく》が見られ、全体として右上から左下へと層理が走っている。水が斜めに走るのは、このせいらしい。滝の周囲のイヌブナ、ミズナラ、ハウチワカエデ、イタヤカエデ、クマシデなどの広葉樹が美しい。

　滝は本流のすぐそばにあるので、本流の水音と滝の水音が交じって聞こえてくる。正面から聞こえる滝の音は軽やかであり、後方から聞こえる本流の音は低い音である。これらの音が響きわたり、周囲の風景と一体となって交響楽のようである。

本流の奥に踏み跡らしいものがあり、これを登っていくとそこにもう一つの滝が現れた。こちらは本流だけに水量が豊富で、落差は小さいがまっすぐ流れ落ちるオーソドックスな滝である。

ここは近江と若狭の国境に近い奥まった場所であるが、小入谷の集落からは歩いても一時間ほどで来ることができる。おそらくこの滝にも人との何らかの関わりがあったはずで、これを示すような話が『朽木の昔話と伝説』（朽木村教育委員会）に載っている。

小入谷の奥のココンバの滝にある小さいお堂のとびらが開いていると、雨が降る。十月には、小豆飯に酒を持って、お礼詣りをする。

やはりこの滝も農耕と深い関わりを持つ雨乞いの滝である。しかもこの滝は針畑《はりはた》川の最上流にあり、もしかすると小入谷だけではなく、針畑川流域の人々からも厚い信仰を受けていたのかもしれない。

コモンバの滝の祠

下の滝まで戻り、その横から丸太階段の急な坂道を登っていくと、素朴な造りのお堂があった。お堂に扉はなく、中に小さな祠《ほこら》が置かれており、その扉には錠がかけてある。現在のお堂は『朽木の昔話と伝説』にあるお堂より新しいものかもしれない。

いずれにしても、滝のお堂の扉の開閉に降雨を託す人々の思いがささやかで、いかにもほほえましい。子どもと母とお婆さんが連れ立って、小豆飯を持参して滝にお参りをする姿を想像してみると、「子母婆《コモンバ》の滝」の名はいかにもふさわしい感じがした。

45

八淵《やつぶち》の滝

日本の滝百選に選ばれた鴨川上流の八つの淵

［所在地／高島市黒谷］

【アプローチ】国道勝野から西に向かい、鹿ヶ瀬口から鹿ヶ瀬の集落の中を上っていくと、ガリバー青少年旅行村に着き、ここが登山口になる。なお、黒谷口から栗木田谷出合、滝道入口を経て魚止の滝に至るルートは閉鎖されており、確認が必要である。

八淵の滝は高島市の旧高島町域を流れる鴨《かも》川の源流にあり、「日本の滝百選」に滋賀県から唯一選定された滝である。「日本の滝百選」は、平成二年（一九九〇）に日本を代表する百の滝を緑の文明学会、グリーンルネッサンス、緑の地球防衛基金の三団体が環境庁（現・環境省）と林野庁の後援のもとに、全国から応募のあった五一七の滝から選定したものである。

八淵の滝はその名のとおり、魚止《うおどめ》の滝、障《しょう》子《じ》の滝、唐戸《からと》の滝、大摺鉢《おおすりばち》、小《こ》摺鉢、屏風《びょうぶ》の滝、貴船《きぶね》の滝、七遍返《しちへんがえ》しの滝の八つの滝（淵）から成っている。

『近江の川』（近江地方史研究会・木村至宏 編）によれば、梁川星巌《やながわせいがん》、佐藤一斎《いっさい》などの江戸時代の文人墨客《ぶんじんぼっかく》がこの滝を訪れて詩歌や絵画を残した。また、地元の旧黒谷村と旧鹿《しし》ヶ瀬《せ》村には「清淵小学校」という、いかにも八淵の滝と鴨川の清流にふさわしい名の学校があったとのことである。

『高島郡誌』には、「八淵瀧《ヤチノタキ》」として、

高島村大字黒谷武奈岳の中「畑の中」に在り。鴨川の水源なり。瀧は八折をなし、其落つる所には各淵あり、これ八池(旧八池と書せり、今淵の字を用ひるは、幕末の頃漢詩を好む者の用ひ初めしなり)の名ある所以なり。飛瀑の両側一帯樹木繁茂して風景甚佳なり。往古は山霊の怒に触れんことを怖れて外来の客を誘うことを禁じたり。大正十一年九月県保勝会より標石を建つ。八淵の名を下方より順次に挙ぐれば左の如し。

とあり、以下、「魚どめの淵」から順番に説明している。

『近江の川』にもあったように、江戸時代以降は詩人などの訪問も多かったようであるが、それ以前に山の神の怒りを怖れて立ち入り規制をしていたことは意外である。

高島市高島町の国道勝野《かつの》の信号を西へ入り、蛇谷ヶ峰を正面に見ながら走る。左へ大きくカーブすると、今度は比良山系の主峰群が見えてくる。その山懐へ入っていくと、やがて鹿ヶ瀬の集落が坂道に沿って続き、そこを登っていくとガリバー青少年旅行村に着く。ここが「日本の滝百選」、八淵の滝めぐりの始まりである。

1 魚止《うおどめ》の滝 〔所在地/高島市黒谷〕

アメノウオの登り得る最終地点

【アプローチ】ガリバー青少年旅行村から魚止の滝までは、徒歩約三〇分。

ガリバー青少年旅行村から歩き出す。しばらく林道を進むと終点になり、登山道が奥へ続いている。そのまま登山道を進むと大摺鉢まで行けるが、魚止の滝へ行くには林道終点の少し先から右へ下りていく。谷を渡って左岸側を進むと、やがてクサリ場も出てきて、あたりは荒々しい雰囲気に包まれ、その先に魚止の滝が現れる。

魚止の滝はその名のとおり、ここまで比較的ゆるやかだった谷の流れを遮るように立ちはだかっている。さすがに魚もここで足止めをくらうのだろう。

『高島郡誌』には、「一、魚どめの淵」として、

アメノ魚等の上り得る最終地点にある淵にして水浅し。瀧は二十尺許。周囲の山には「いはかがみ」「しし頭」「山つつじ」「さんしゆ」「石楠」「まんさく」「木ぶし」多し。

とある。「アメノ魚《うお》」は、サケ科に属する淡水魚のビワマスのことである。ビワマスは琵琶湖の固有種で、秋に琵琶湖へ流入する河川を遡り産卵するが、大雨の日に大挙して遡上《そじょう》することからアメノウオと呼ばれている。そのアメノウオが上りうる最終地点が、この魚止の滝であるという。

また、滝の周囲に見られる植物名の記述もある。すなわち「いはかがみ」はイワカガミ（イワウメ科の草本）、「しし頭」はシシガシラ（シシガシラ科のシダ植物）、「さんしゆ」はサンシュユ（ミズキ科の落葉小高木）、「石楠」はシャクナゲ（ツツジ科の常緑低木）、「まんさく」はマンサク（マンサク科の落葉小高木）、「木ぶし」はコブシ（モクレン科の落葉高木）のことのようである。ただし、サンシュユは中国・朝鮮半島原産の樹木で、江戸時代中期に薬用として渡来したものであり、このあたりには自生していない。たまたま植栽したものがあったのか、早春によく似

た黄色い小花を咲かせるダンコウバイなどと間違えたのか、あるいは発音のよく似たサンショウと混同したものか、よくわからない。いずれ

イワカガミ

にしても、滝の周囲の植物は多彩で、自然が豊かな様子を表している。

滝の左側は岸壁がそそり立ち、右側には大きな石が二つある。落差はそれほど大きくないが、水量は申し分なく、冷たそうな水が池のような滝壺へ豪快に落ちている。見ているだけでも爽快だが、近寄ると滝のしぶきがかかりそうな岩肌にイワタバコの花が群れて咲いている。つやのある緑の葉の間から伸びた細い茎の上に、紫

マンサク

の星のような花がややうつむき加減に咲いていている。豪快な滝と可憐な花の対象が印象的である。涼を求めるだけならば、ここにしばらくいるだけで十分である。しかし、まだまだ先にはいくつもの滝が待っている。

2 障子《しょうじ》の滝、唐戸《からと》の滝

［所在地／高島市黒谷］

迫力あふれる岩と水の殿堂

【アプローチ】魚止の滝から障子の滝までは、徒歩約一〇分。

魚止の滝から先は谷の様相が一変し、ルートには岩場やクサリ場が連続する。谷を大きく高巻きして谷に近づくと、やがて障子の滝が現れる。まさに「岩と水の殿堂」という感じで、荒々しい岩がそそり立つ間を怒濤のように水が流れ落ちてくる。その迫力に気圧《けお》されそうになるのをこらえながら滝を見上げると、右側の岩の間から吹き出した水が滝壺へ落ち、そこから少し平らになった岩を滑るように進んで、もう一段手前へ落ちてくる。

『高島郡誌』では、「二、障子ヶ淵」として、「淵の周囲及底をなす岩石には恰《あたかも》障子の桟《さん》の如き線条あり。瀧の直流三十尺許《ばかり》」と簡潔に紹介している。

見たところ、確かに岩には線が入っているが、それを障子の桟に見立てるほど規則正しく刻まれているようには見えない。

滝めぐりのルートは障子の滝の直下を横切って対岸へ渡り、右岸側の岩に打ち込まれた金具やクサリをよじ登り、さらにハシゴを伝っていかなければならない。滝の真横を通るルートだけに滝の迫力を間近に感じることができるが、簡単なルートではない。自信がない場合は来た道を引き返し、ガリバー青少年旅行村からの道を大摺鉢へ向かう方が安全である。

　さて、ハシゴの途中からは、唐戸の滝を覗くことができる。

　同書では、「三、唐戸の淵」として、「淵は細長くして深く、水深八十尋《ひろ》と称し、広さ約二十坪。瀧は直流三十尺許」とあるが、これを読んでも滝の特徴はつかめない。実際、岩陰になるので滝の全容がとらえにくい。いくつかの小滝の連続らしく、狭い岩の間を折り返しながら、ジェットコースターのように白い水が滑り落ちてくる。

　いわゆる唐戸《からと》は、開き戸式の扉のことであるので、障子の滝と対になる命名と思われる。

　そこからさらにハシゴを伝って急な斜面をよじ登ると、ガリバー青少年旅行村からの道に合流する。

3　大摺鉢《おおすりばち》、小《こ》摺鉢

［所在地／高島市黒谷］

人々が憩う八淵の滝の中心部

【アプローチ】障子の滝から大摺鉢まで徒歩約二〇分。なお、障子の滝から大摺鉢までのルートは岩場の連続で、特に増水時は障子の滝の直下の渡渉が難しくなる。いったん魚止の滝の下まで戻り、ガリバー青少年旅行村からの道に合流して、右へ進むと大摺鉢まで行ける。


　ガリバー青少年旅行村から大摺鉢まで直行するルートは整備されており、武奈《ぶな》ヶ岳を目指す登山者や旅行村の観光客が滝を見に来る場合は、ほとんどがこの道を利用する。

　大摺鉢はいつ訪れても大勢の登山者やハイカーの憩いの場になっている。本格的な装備をした登山者、ヘルメットをかぶった沢登りのグループ、軽装のハイカーや家族連れなどが弁当を広げたり、滝にカメラを向けたりして賑わっている。

池のような滝壺はまさに大摺鉢で、「日本の滝百選」を紹介する写真のほとんどが、この場所を写している。その写真に欠かせないのが、池の手前の「八徳石」である。

この石は上部が平らで、畳二枚分くらいの大きさがある。岩の正面に篆書体《てんしょ》（漢字の書体の一種で、中国の殷《いん》や周などの時代に使用されていたものが起源で、甲骨文字に近いような書体。身近なところでは、旅券の表紙に使用されている）で八徳の文字が刻まれている。

この八徳石は、大正十一年（一九二二）に当時の堀田義次郎滋賀県知事がここを訪れた際に、八淵の滝の徳を念じて書いたものを、地元の石屋である岸田友吉が彫ったと伝えられており、『高島郡誌』にも「大正十一年九月県保勝会より標石を建つ」と記載されている。

八徳石の横から広い滝壺のほとりへ出ると、滝壺のまわりは広い空間になっている。

左奥からナメ状の岩のスロープを滑ってきた水は、正面に向かってどっと落ちる。落ちた滝壺は、滝の落差に比べてはるかに広い池である。つまり大摺鉢は滝の落差というよりも、この池そのものであると言える。

ナメ状のスロープの上には小摺鉢がある。こちらは大摺鉢に比べるとずっと小さいが、岩自体に穴をあけたようで、むしろこちらの方が摺鉢という感じがする。

『近江輿地誌略《おうみよちしりゃく》』は八淵の滝について、

畑谷の上、八池山に在り因て瀑布の名とす。大小二瀧あり、大瀧三丈許、小瀧二丈許。蓋《けだし》言ふ瀧の落つる壺八有り、故に八池瀧といひ、又山名とすといふ。此下流鴨川に入りて流る。

と紹介している。「大小二瀧あり」、「瀧の落つる壺八有り」とあるのが八つの滝のうちのどれを指しているのかは不明である。しかし、八池という名称がこの大摺鉢と小摺鉢の印象から来ていることは、ほぼ間違いない。

大摺鉢の八徳石

『高島郡誌』の「大摺鉢」の説明の中に「水量多き為め夏季水泳する者多しと云ふ」とあり、確かに池の中に入ってみたい誘惑に駆られる。

池のほとりに座って滝を眺めていると、あまりの心地よさに時を忘れてしまいそうである。前後の地形がいかにも険しいだけに、ここはつかの間の憩いの場所と言えそうだ。八つの滝の中間点にあるだけではなく、まさにここが八淵の滝の中心でもある。

4 屏風《びょうぶ》の滝 ［所在地／高島市黒谷］

屏風を思わせる垂直の岩壁

【アプローチ】小摺鉢から屏風の滝までは、徒歩約一〇分。

小摺鉢を右に見ながら渓流沿いに進むと、すぐに屏風の滝が現れる。屏風というので垂直で平面的な滝を連想していたが、かなり複雑な構造をしている。

上部はチョックストーン滝（谷に岩石がはさまって形成された滝）になっており、岩壁にはさまれた石の両脇から二筋の水が落ちる。そこから何度も反転しながら、最後は二筋に分かれた水が空中で合わさって滝壺に落ちる。このように文章にすると何のことかよくわからないが、『高島郡誌』では簡潔に記載されている。

六、屏風ヶ淵　又長瀬とも云ふ。長百五十尺、幅二十四尺、細長くして深し。周囲の岩石は屏風を廻らしたるに似たり。瀧は直流三十尺許。

屏風を立てたように垂直にそそり立つ対岸の岩は確かに迫力があり、滝そのものよりもこちらに注目して滝の名をつけたものらしい。

大摺鉢からここまでは、少し余裕を持って水と岩のぶつかり合いを眺められるが、ここから先は様相が一変し、険しい岩場が続く。まるで登山者たちを歓迎するかのように、谷の底では水が踊り跳ねている。

5 貴船《きぶね》の滝　［所在地／高島市黒谷］

歌舞伎役者の立ち姿を連想させる豪華な滝

【アプローチ】屏風の滝から貴船の滝までは、徒歩約一〇分。

屏風の滝を過ぎると両岸は切り立った岩になり、進むにつれて緊張が高まってくる。正面には、谷をふさぐように貴船の滝が出迎える。ここからはクサリを伝っていったん谷へ下りなければならない。足場も悪く、ゆっくり滝を観賞している余裕はない。谷を渡る場所にもクサリが架けてあり、足を滑らせないように慎重に渡る。谷を渡ったところから滝を見上げると、あらためて滝の大きさを実感させられる。

右側の少し高いところから流れ出る水と、左の低いところから出る水が滝の中ほどで一体化し、幕のようになって下へ落ちていく。

この滝群中最大の滝であるが、『高島郡誌』では意外にあっさりと記述している。

七、貴船ヶ淵　淵は十坪許、形船に似たるより名けらる。淵の右方に小き不動石像あり。瀧の直流二十尺許。

貴船の滝の由来は、淵が船の形に似ることからであるという。しかし、これだけ立派な滝に、淵の形だけで名前がつけられたというのは少し腑に落ちない。

京都市左京区にある貴船神社の祭神である高《たか》龗神《おかみ》は水を司る神であり、そこから考えると、貴船の滝とは人々の暮らしや農耕を支配する水神の宿る滝と考える方が自然な気がする。

両岸の垂直な岩壁も相当な高さがあり、そそり立つ岸壁に囲まれた滝壺は、奈落の底のようにも思えてくる。

貴船の滝は八淵の滝の中の一つに埋もれているが、これ単体で立派に県下有数の滝である。落差といい、水量といい申し分ない。しかし、単に滝の規模だけで立派だというのではなく、何とも言えない気品と風格がある。まるで歌舞伎役者が立ち上がったようなその姿には、いかにも豪華さを感じさせるものがある。八淵の滝は滝群全体が「日本の滝百選」に選ばれているが、貴船の滝だけでもその価値は十分にあるように思う。

6　七遍返《しちへんがえ》しの滝

［所在地／大津市北比良］

スルメを七度浮沈させた雨乞いの滝

【アプローチ】貴船の滝から七編返しの滝までは、徒歩約三〇分。

貴船の滝の岸壁に架けられた長いハシゴを登っていく。滝を越えるとハシゴとクサリの緊張から解き放たれ、ようやく安全な登山道が続く。しばらく進むと橋があり、谷はやや険しい感じになって、ここから七遍返しの滝が始まる。谷を左に見ながら進むと、再びハシゴやロープの急な登りが続く。谷の下部は少し荒れた感じであるが、進むにつれて広葉樹林の気持ちのよい場所になる。

『高島郡誌』では、「八淵瀧」は第一編第五章の「名所旧跡墳墓」のところに記載されている。ところが「七遍返瀧」だけは、なぜか第一章の「瀑布」のところにも単独で出てくる。

高島村大字黒谷部落の西南三十町許《ばかり》字畑谷（鴨川の上流）にあり八淵《ハチ》瀧の一なり。高さ五十二尺、幅九尺。相伝う、往時旱魃《かんばつ》の際は農民此瀧に至りて酒饌を献じ、神主が雨乞の祈禱を終りて献饌の鯣《するめ》を瀧壺に投ずれば、鯣は七度浮沈転々して流れ出づるによりて其名とせりと。今は此風習なし。八淵瀧は第五章名所参照すべし。

八つの滝の中ではどちらかというと目立たない存在であるこの滝が、同書で特別扱いされているのはなぜだろう。しかも雨乞神事の対象として、八つの滝の中からこの滝が選ばれた理由もよくわからない。

滝に沿って歩いていくと、いくつもの淵や小滝が連続している。この様子から七遍返しとは七度折れ曲がって流れる意味かと思っていたが、同書によるとスルメを滝壺に投げ入れて七回浮き沈みしたことを由来としている。

一方、同書の第五章「名所旧跡墳墓」のところにも「八、七遍返シ」として登場する。


最上の淵にして広さ僅《わずか》に数坪に過ぎざれども水量多く、上より見れば水流淵内を転回すること七回にして後下に流落つと云ふ。瀧は直流五十二尺。


こちらもスルメこそ出てこないが、淵の水流が七転回することが書かれている。

登山道をさらに進むと、やがて淵や小滝も少なくなり、渓流も落ちついた感じになって、どこが終わりかよくわからないままに七遍返しの滝は消えてしまう。同時に八淵の滝もここで終わりである。滝群の最後に盛大なクライマックスを迎えるのではなく、訪れた八つの滝の余韻を残しながら、静かにフェイドアウトしていく。地味ではあるが、そんな役回りを七遍返しの滝が演じている。

※　七遍返しの滝の所在地は大津市北比良に属するが、八淵の滝と一体のものとして、ここに含めて記載した。

46 まぼろしの滝

人を惑わせる不可思議な滝

［所在地／大津市北比良］

【アプローチ】 七遍返しの滝からまぼろしの滝までは、徒歩約五〇分。七遍返しの滝からまぼろしの滝の滝見台まで徒歩約一時間。

八淵の滝めぐりは七遍返しの滝で終わるが、その先に番外編ともいえる「まぼろしの滝」がある。谷は少しずつ小さくなり、八淵の滝のような迫力あふれる渓流の様相はすでに消えている。

左岸側から右岸側へ渡り、比良ロッジへ至るオガサカ道を左に分けて進むと、登山道は渓流の途中から大きく反転して本流から離れていく。にわかに急な登りになり、山腹を折り返しながら登っていくと尾根道になる。このあたりには赤い幹肌のアスナロが多く自生し、シャクナゲも見られる。

『山と高原地図45　比良山系』の解説書によると、この道が比良スキー場跡に出るまでの途中に「滝見台」があり、そこから「まぼろしの滝」が見えるという。

急な登りで息が切れてきた頃、アスナロの木の幹に「まぼろしの滝」と書かれた標識が現れた。息を整えて標識の矢印の方を覗いてみるが、滝はまったく見えない。背伸びしたり、方向を変えて覗き込んでみるが、やはり何も見えない。

あきらめて耳を澄ませてみると、滝の音らしいものが聞こえてきた。しかし、それが滝の音なのか、渓流の瀬音にすぎないのか、よくわからない。木々の葉が落ちた冬期には見えるのかもしれないが、結局、まぼろしの滝は「まぼろし」に終わってしまうのだろうか。

まぼろしの滝の標識

来た道を引き返し、渓流から大きく反転した場所まで戻って、ここから谷に入り遡っていく。大きな転石や落差があり、これらを避けながら慎重に登っていく。薄暗い谷の中を進むと、やがて谷は大きく右へカーブし、前方から滝の音が聞こえてきた。

現れた滝は、思ったよりも規模が小さかった。これが本当にまぼろしの滝だろうか。そう思いながら滝を眺めていると、ちょうど滝の上から人が下りてきて、この先にまだ滝があるかどうか尋ねてみると、ないという。

やはりこれがまぼろしの滝らしい。そう思って眺め直してみると、規模は小さいものの、均整が取れたいかにも滝らしい滝である。左側の岩壁は垂直にそそり立ち、正面の岩壁もどっしりとしている。滝壺もしっかり存在し、その滝壺の上には踏み台のような岩があって、そこへ白い水がたたきつけている。

このあたりの地形は、明王谷支流の奥ノ深谷と鴨川の上流とが尾根を隔てて近接しているが、もともとまぼろしの滝は奥ノ深谷の方へ流れていたという。ところが鴨川源流の浸食が進んだために流れが変わり、まぼろしの滝は鴨川源流に位置するようになったという。まさにまぼろしの滝にふさわしい話である。

滝を見ていると、何か不思議な感覚にとらわれる。それが何だかわからないままに、しばらく滝を眺めているうちにあることに気がついた。滝の落ち口の左側に岩の割れ目があり、そこが一段低くなっている。当然、水はその低い場所から流れ落ちるべきだが、実際にはそこより一段高い岩の上から水が落ちてきている。まるでこの滝の水は重力に逆らって、滝をより大きく見せようとしているかのようである。滝の上に登ってそのからくりを確かめようと思ったが、やめにした。やはりまぼろしの滝には、どこか不思議なところがあった方がよいと思えたからだ。

滝見台でまぼろしに終わるかと思われた滝に出会えたことだけでも、十分に満足すべきである。そう思いながら、ふと気がついて、滝に背を向けて尾根の方を見上げてみた。しかし、暗い滝の中から明るい尾根を眺めてみたところで、先ほどの滝見台の位置を見分けることができるはずはなかった。

不意に疲労感が押し寄せてきた。思えば、長い一日である。今朝、滝めぐりの最初に魚止の滝を訪れたことが、まるで遠い過去のように思われたのは、今日一日の疲れだけが原因であろうか。もしかすると、最後に訪れたまぼろしの滝の見えない力が作用したのかもしれない。

※　まぼろしの滝の所在地は大津市北比良であるが、八淵の滝と一連のものとして、高島地域に掲載した。

◇参考文献

［山歩きについて］

井上茂『山と高原地図45 比良山系・武奈ケ岳』昭文社（二〇〇七年）
梶山正『山あるきナビ　関西の山あるき100選』昭文社（二〇〇八年）
北中康文『日本の滝2　西日本767滝』山と渓谷社（二〇〇六年）
草川啓三『山と高原地図44 御在所・霊仙・伊吹』昭文社（二〇〇七年）
朽木観光協会編『朽木の山を歩く・山歩きマップ』
住友山岳会『近畿の山と谷』朋文堂（一九三三年）
竹内康之『比叡山1000年の道を歩く』ナカニシヤ出版（二〇〇六年）
鉄弘一『日本の名景　滝Ⅱ　Waterfalls in Japan Vol.2』光村推古書院（二〇〇〇年）
永瀬嘉平・三島昭男・宮田登『日本の滝　躍動する水の美と名瀑への招待』講談社カルチャーブックス（一九九五年）
西尾寿一『鈴鹿の山と谷1　霊仙山・鍋尻山・烏帽子岳・男鬼ほか』ナカニシヤ出版（一九八七年）
西尾寿一『鈴鹿の山と谷2　藤原岳・御池岳・茶屋川・青川ほか』ナカニシヤ出版（一九八八年）
西尾寿一『鈴鹿の山と谷3　龍ヶ岳・八風峠・愛知川・日本コバほか』ナカニシヤ出版（一九八九年）
西尾寿一『鈴鹿の山と谷4　御在所山・釈迦ヶ岳・雨乞岳・銚子ヶ口ほか』ナカニシヤ出版（一九九〇年）
西尾寿一『鈴鹿の山と谷5　鎌ヶ岳・宮指路岳・入道ヶ岳・綿向山ほか』ナカニシヤ出版（一九九一年）
西岳人『近江旅の本　北近江の山歩き　花と琵琶湖と歴史に出会う』サンライズ出版（二〇〇八年）
山と渓谷社大阪支局編『関西百名山』山と渓谷社（一九九八年）
山本武人『比良の詩』サンブライト出版部（一九七七年）
山本武人『フルカラー特選ガイド30　比良・朽木の山を歩く』山と渓谷社（一九九八年）
山本武人・竹内康之・青木繁『分県登山ガイド24　滋賀県の山』山と渓谷社（二〇〇四年）

［動植物について］

「赤坂山の自然」ガイドブック編集委員会編『赤坂山の自然ガイドブック』マキノ町（一九九八年）
叶内拓哉写真・解説・上田秀雄解説『山渓ハンディ図鑑７　日本の野鳥』山と渓谷社（一九九八年）
永田芳男写真・畔上能力解説『山渓ハンディ図鑑２　山に咲く花』山と渓谷社（一九九六年）
ピッキオ編著『鳥のおもしろ私生活』主婦と生活社（一九九七年）
平野隆久写真・畔上能力ほか解説『山渓ハンディ図鑑１　野に咲く花』山と渓谷社（一九八九年）
茂木透写真・石井英美ほか解説『山渓ハンディ図鑑３　樹に咲く花　離弁花①』山と渓谷社（二〇〇〇年）
茂木透写真・石井英美ほか解説『山渓ハンディ図鑑４　樹に咲く花　離弁花②』山と渓谷社（二〇〇〇年）
茂木透写真・石井英美ほか解説『山渓ハンディ図鑑５　樹に咲く花　合弁花・単子葉・裸子植物』山と渓谷社（二〇〇一年）

［地理について］

国際地学協会編『日本地図　改訂新版』（一九九六年）
寒川辰清著・宇野健一改訂校註『新註　近江輿地志略　全』弘文堂書店（一九七六年）
滋賀県政策調整部統計課編『滋賀のしおり　２００７』滋賀県統計協会（二〇〇七年）

［歴史・文化について］

芦田正次郎『仏像見わけ方事典』北辰堂（一九八九年）
伊香郡郷土史編纂会編『近江伊香郡志』名著出版（一九七二年）
近江地方史研究会・木村至宏編『近江の川』東方出版（一九九三年）
大橋金造編『近江神崎郡志稿　下巻』臨川書店（一九七二年）
景山春樹ほか『朝日カルチャーブックス60　比叡山Ｉ　１２００年の歩み』大阪書籍（一九八六年）
蒲生郡役所編『近江蒲生郡志』（一九二二年）
木村至宏『近江　山の文化史　文化と信仰の伝播をたずねて』サンライズ出版（二〇〇五年）

甲賀郡教育会編『甲賀郡志』(一九二六年)
澤潔『京滋びわ湖山河物語』文理閣(一九九九年)
滋賀県編・宇野健一註訂『近江国滋賀郡誌　全』弘文堂書店(一九七九年)
滋賀県歴史散歩編集委員会編『滋賀県の歴史散歩　下　彦根・湖東・湖北・湖西』山川出版社(二〇〇八年)
滋賀総合研究所編『湖国百選　石/岩』滋賀県(一九九一年)
滋賀総合研究所編『湖国百選　水』滋賀県(一九八八年)
白洲正子『近江山河抄』駸々堂出版(一九七四年)
白洲正子『かくれ里』講談社(一九九一年)
高島郡教育会編『高島郡誌　増補』弘文堂書店(一九七六年)
髙谷好一『湖国小宇宙　日本は滋賀から始まった』サンライズ出版
多賀町史編さん委員会編『多賀町史』多賀町(一九九一年)
辻涼一『鈴鹿夢幻』山人舎発行・サンライズ出版発売(一九九八年)
中川泉三編『近江愛智郡志』弘文堂書店(一九七一年)
中島伸男『鈴鹿霊仙山の伝説と歴史』(一九八九年)
西尾寿一『鈴鹿山地の雨乞—湖東・養老をふくめて』京都山の会出版局発行・ナカニシヤ出版発売(一九八八年)
深谷弘典『永源寺町の史蹟と文化財Ⅲ　中・近世地方文書による八風街道筋の歴史』永源寺町郷土史会(一九八〇年)
平凡社編『近江・若狭・越前寺院神社大事典』(一九九七年)
マキノ町まちづくりネットワークセンター編『やんせ　マキノ里山語り』マキノ町(二〇〇四年)
宮城泰年監修『山伏入門　人はなぜ修験に向かうのか?』淡交社(二〇〇六年)
藪田藤太郎『霊仙三蔵』サンブライト出版(一九八二年)
『湖国と文化　六九号　特集　近江の峠路・滝』滋賀県文化体育振興事業団(一九九四年)
『湖北人　Vol.2』滋賀県湖北地域振興局地域振興課(二〇〇八年)
『太陽/別冊　山の宗教　修験道とは何か』平凡社(二〇〇〇年)

『まいばら　Vol.76　米原歴史街道　米原市の歴史・文化財を歩く44』米原市役所政策推進部情報政策課（二〇〇八年）
『まいばら　Vol.78　米原歴史街道　米原市の歴史・文化財を歩く45』米原市役所政策推進部情報政策課（二〇〇八年）

［伝説・昔話について］

伊吹町教育委員会編『ふるさと近江伝承文化叢書　いろりばた　伊吹町昔ばなし』（一九八〇年）
永源寺町教育委員会編『ふるさと近江伝承文化叢書　小椋の山里　永源寺町』（一九八〇年）
木之本町教育委員会編『ふるさと近江伝承文化叢書　きのもとのむかし話』（一九八〇年）
滋賀県小学校教育研究会国語部会編『滋賀のむかし話』日本標準（一九七六年）
滋賀県老人クラブ連合会編『近江むかし話』洛樹出版社（一九八〇年）
滋賀県老人クラブ連合会編『続　近江むかし話』洛樹出版社（一九八〇年）
志賀町教育委員会編『志賀町むかし話』サンブライト出版（一九八五年）
玉木京編『朽木の昔話と伝説』朽木村教育委員会（一九七七年）
中神天弓『近江の説話覚え書』白川書院（一九七一年）
馬場秋星『近江長浜・坂田郡の昔話』イメーディアシバタ（一九九〇年）
栗東町教育委員会編『ふるさと近江伝承文化叢書　栗東の民話』（一九八〇年）
渡辺守順編『近江の伝説』第一法規出版（一九七四年）
『湖国と文化　一一九号　特集　ふるさとの民話』滋賀県文化振興事業団（二〇〇七年）

あとがき

若い頃から多くの山々に登ってきたが、私にとって滝とは山頂や岩場や谷や樹木などと同様に、登山の行程中に現れる要素の一つに過ぎなかった。実際、数年前にふとした思いつきで始めた滝めぐりに、これほど深くのめり込むことになるとは想像すらしていなかった。

本文でも述べたように、滋賀県の滝は規模が小さく、観光地になるほどの傑出したものは少ない。しかし、現地で滝の表情を観察し、訪れた滝について文献などを調べるうちに、「近江の滝」には見かけの姿だけではない、何かとてつもない奥深いものが隠されていることに気づいた。それは滝にまつわる伝説や昔話、祭りや行事などの驚くほどの多彩さであり、多くの滝で見かけた不動明王の姿でもあり、また、滝の祠に活けられた花のみずみずしさでもあった。

滝についての専門的な文献は少なく、あったとしても写真集や滝を図鑑的に集めたものがほとんどである。そういう意味では、本書は今までにない、いわば「滝文化」とでも言うような分野を扱ったものであり、また近江という歴史と文化の豊かな地で滝を調査したが故に生まれた産物であるとも言える。

本書に登場する滝は滋賀県では比較的知名度の高い滝が多いが、他にもまだ多数の滝が存在する。

滝に関する伝説や行事などについてもすべて調べつくしたわけではない。また、おのおのの滝について さらに深く検討し、思考を熟成させれば、もっと違った考察が生まれたかもしれない。そういう意味では未だ不十分であるが、あくまで現時点での集約ということをご理解願いたい。

本書の出版化にあたり、木村至宏成安造形大学近江学研究所長には貴重な助言をいただいた。「近江の滝」に興味を示されると同時に、取りまとめにあたっての考え方や心構えなど、時に厳しく、また温かいご指導をいただいた。文章表現など細部についても丁寧なご助言をいただき、木村先生のご協力なしに本書が生まれることはなかった。

滝の取材にあたり、多くの皆さんのご協力をいただいた。田上秀彦さんには道なき谷を遡り、全身ずぶ濡れになりながら多くの滝の調査に同行いただいた。對中和夫さん、勝居辰郎さん、勝居由美子さんにも滝の調査に同行していただいた。山川浩司さん、坂口光男さん、宍戸正和さん、岡徳孝さん、久本実さんには滝や仏像、お堂などについての貴重な資料や情報をいただいた。

また、発行にあたっては、本書の内容から見て、最もふさわしい出版社とスタッフに恵まれたと感じている。ご協力いただいたすべての皆さんに、あらためて深くお礼を申し上げたい。

■著者略歴

水田有夏志（みずた・ゆかし）

1956年、滋賀県大津市生まれ。20歳代から比良山地、鈴鹿山脈を中心に県内外の山に登っている。CONE（自然体験活動推進協議会）リーダー、森林インストラクター。著書に『おっちゃんの自然体験記』（サンライズ出版、2007年）がある。

近江《おうみ》の滝　　別冊淡海《おうみ》文庫18

2010年6月25日　第1刷発行　　N.D.C.291

著　者　水田　有夏志

発行者　岩根　順子

発行所　サンライズ出版株式会社
〒522-0004 滋賀県彦根市鳥居本町655-1
電話 0749-22-0627

印刷・製本　P-NET 信州

ISBN978-4-88325-165-0　Printed in Japan　定価はカバーに表示しています。
乱丁・落丁本はお取り替えいたします。

淡海文庫について

「近江」とは大和の都に近い大きな淡水の海という意味の「近（ちかつ）淡海」から転化したもので、その名称は「古事記」にみられます。今、私たちの住むこの土地の文化を語るとき、「近江」でなく、「淡海」の文化を考えようとする機運があります。

これは、まさに滋賀の熱きメッセージを自分の言葉で語りかけようとするものであると思います。

豊かな自然の中での生活、先人たちが築いてきた質の高い伝統や文化を、今の時代に生きるわたしたちの言葉で語り、新しい価値を生み出し、次の世代へ引き継いでいくことを目指し、感動を形に、そして、さらに新たな感動を創りだしていくことを目的として「淡海文庫」の刊行を企画しました。

自然の恵みに感謝し、築き上げられてきた歴史や伝統文化をみつめつつ、今日の湖国を考え、新しい明日の文化を創るための展開が生まれることを願って一冊一冊を丹念に編んでいきたいと思います。

一九九四年四月一日